2013 年河北省软科学项目"基于系统动力学的唐山曹妃甸港口、产业与城市互动发展策略研究"（编号：134576147D）

2013 年河北省科学基金项目"河北省临港产业共生系统构建与演进机制研究"（批准号：HB13JJ047）

港口开发、国际物流与开放型经济发展

——以唐山市为例

李 南 任 伟 著

知识产权出版社

全国百佳图书出版单位

图书在版编目 (CIP) 数据

港口开发、国际物流与开放型经济发展——以唐山市为例 /
李南．任伟著 . —北京：知识产权出版社，2014. 10
ISBN 978-7-5130-2895-0

Ⅰ . ①港… Ⅱ . ①李… ②任… Ⅲ . ①区域经
济发展—研究—唐山市 Ⅳ . ①F127. 223

中国版本图书馆 CIP 数据核字（2014）第 186009 号

内容提要

作为后发地区和典型的资源型地区，河北省如何利用新兴港口物流优势，尽快转变经济发展
模式，实现从资源导向向开放导向的转变，这是非常值得研究的问题。唐山市，特别是曹妃甸地
区，在河北省的整个沿海开发战略中处于龙头位置，尤其值得重点关注。针对河北省、唐山市的
主题研究不仅在区域内具有参考价值，还可以为其他类似地区的开放升级提供范本。

执行编辑：于晓菲　　　　　　　　责任编辑：唐学贵

责任出版：孙婷婷

港口开发、国际物流与开放型经济发展——以唐山市为例
GANG KOU KAI FA GUO JI WU LIU YU KAI FANG XING JING JI FA ZHAN——YI TANG SHAN SHI WEI LI

李 南　　任 伟 著

出版发行：知识产权出版社 有限责任公司	网　　址：http：//www. ipph. cn		
	http：//www. laichushu. com		
社　　址：北京市海淀区马甸南村 1 号	邮　　编：100088		
责编电话：010-82000860 转 8363	责编邮箱：yuxiaofei@ cnipr. com		
发行电话：010-82000860 转 8101/8102	发行传真：010-82000893/82005070/82000270		
印　　刷：北京中献拓方科技发展有限公司	经　　销：各大网上书店、新华书店及相关专业书店		
开　　本：720mm×960mm　1/16	印　　张：10		
版　　次：2014 年 10 月第 1 版	印　　次：2014 年 10 月第 1 次印刷		
字　　数：200 千字	定　　价：38. 00 元		

ISBN 978-7-5130-2895-0

目　录

前　言

在整个物流服务链中，港口是最大量货物的集结点，承担着货物运输的最大份额，并提供最经济的运输条件。港口物流系统包括运输、储存、包装、装卸、配送、加工、信息处理等诸多环节。港口物流系统的目的是实现货物的空间和时间效益，实现各种环节的合理衔接。港口作为货物集散地和各种运输载体的换装点，是海运货物流动的"车站"。现代港口正在迅速推进功能提升，以满足经济发展所提出的更高要求。

唐山市虽然沿海，但在港口物流及开放经济发展方面，都处于后发地位，两者的互动效应对于唐山来讲至关重要。经过二十多年的建设，唐山港的货物吞吐量已经稳居世界前十名，这是港口发展史上的一个奇迹，就此建立起来的物流优势也为唐山走上沿海开放型的发展之路奠定了根基。从港口开发到国际物流，再到开放型经济发展，这是一个环环相扣、梯次推进的链条。不管是先发的传统大港和先进港城，还是像唐山这样的后发港口城市，上述链条都是必经之路。河北省唐山市的开放经济发展，不论是产业导向还是区域导向，都是依赖于沿海区位、依赖于港口物流。由港口物流推动开放型经济格局的形成，这是唐山市应该弥补的短板，也是今后经济转型升级的要义。

唐山发展沿海开放型经济是复杂的系统工程，必须以更高的层次、更宽的视野来审视，争取赶上沿海大发展的第二趟快车，把沿海开放型经济规划好、建设好。本书沿着从港口到物流，再到开放经济的逻辑主线，先探讨共性的经济现象和行业规律，再逐步聚焦到环渤海地区和河北省，特别是重点研究唐山市的发展脉络、现实需求和对策体系。

第1章　市场化导向的全球港口物流改革与发展

　　港口作为水路运输的必备基础设施，是国民经济的重要基础产业和外贸发展的关键依托，其有效运作直接影响有关的经济变量，如出口竞争力和进口商品最终价格。作为具有战略意义的基础部门，港口拥有自然垄断性、投资不可分性等多种特殊的经济性质。所以长期以来，港口产业受到了来自政府的严格规制，并在很多情况下由具备公共性质的港口当局直接经营，以防止过度竞争，维护公共利益。

　　20世纪80年代以后，在全球性的市场化浪潮中，由于自身技术经济特征的演变，港口产业经历了持续的改革重组。公共部门转变了原来的直接运营者角色，私人部门则充分利用对市场条件的适应性，通过相互竞争提高效率。在海洋运输的另一方面，航运业在过去的几十年经历了显著的技术革命，这增加了对能够接纳最新一代船舶的港口设施的要求，从而刺激了港口之间旨在吸引现代船舶和现代货物形式的竞争。这些趋势都对港口物流部门产生了重要影响，在全球范围内推动着市场化导向的改革与发展。本章首先建立一个分析国际物流的基本框架并探讨自由市场政策的效果，然后再专门聚焦港口的民营化改革及分类规制政策，最后以比利时安特卫普港为范例总结世界先进港口的发展特征。

1.1 国际物流的基本框架及自由化改革政策的比较静态分析

1.1.1 引言

1. 国际物流费用总体上涨的近期态势

在充分利用本国资源和技术的基础上，制造业成本下降已经达到一定极限，高效的国际物流成为在全球化程度越来越高的市场上获取竞争优势的关键因素。国际运输物流成本在整个贸易成本中占据较大比重，有时比关税或配额等贸易壁垒的影响更大。亚洲国家的平均关税水平从 20 世纪 80 年代初的 30% 下降到 90 年代末的 14%，拉美国家同期从 31% 降至 11%。这些人为贸易壁垒的削减意味着运输成本作为贸易决定因素的相对重要性在提升。Moreira、Volpe 和 Blyde（2008）对拉美的研究表明，从价的货运费率比关税要高，进而对贸易规模和多样性具备更多的影响。纵览国际贸易史，在 19 世纪末的贸易繁荣期，国际运费水平在 1870～1913 年间下降 50%，而同时国际贸易额增长了 400%。而且第二次世界大战以后，正是低廉的运输成本推动了经济全球化，亚洲经济体大量承接了来自发达国家的产业转移，运输成本成为影响国际贸易模式继而影响国际投资决策的重要基准。

但近些年，随着关税水平的持续调低，运输成本的类似下降却并未发生，一些学者则提供了班轮运价大幅上涨的证据。于是产品内全球分工的格局正由于国际运输成本的不断升高而面临挑战。❶ 造成这种国际贸易回流的主要原因是出于运输费用的考量。货运成本而非关税，才是全球贸易的最大挑战。只要运输成本维持高位，全球产业分工的回流和近邻效应还

---

❶ 比如美国电动汽车制造商特斯拉调整了原来在泰国生产电池，英国组装，然后运回美国的生产布局，而是将全部生产区段集中在美国本土。美国家具经销商以前习惯于先将木材从美国运到中国，制作成家具后再返销美国，现在则将这些木材直接在弗吉尼亚或北卡罗莱纳州加工。与上述情况形成对照的是，近年来墨西哥对美国出口快速增加，墨西哥正逐渐挤占中国的市场份额。

会增强。虽然全球化趋势不会因为运输成本高企而完全逆转，但由此引致的从"离岸生产"转向"近岸生产"的全球产业链重组却越发明显。

尽管出现了集装箱化等重大技术进步，运输成本仍表现出较强的向下刚性。甚至集装箱化本身由于提高市场集中度、增强垄断性而推动了航运费率的提高。运输成本的下降刚性是由公共和微观原因共同造成的。第一个原因是限制性的政府政策，比如货载保留、授予港口及辅助服务的垄断权等，限制了境外厂商的进入。这些政策基于政治、经济或安全上的名义合理性，却限制了运输部门的竞争。第二个原因是承运人的反竞争行为。一般来讲，国际贸易运输部门是由少数大型垄断组织所主导的，完全竞争并不是决定航运价格的规则。比如说，全球航运联盟或班轮公会通过舱位互租等一体化服务主导了集装箱运输。传统公会一般可享受反垄断豁免，而进一步的联盟和并购更成为近年的主流趋向。

2. 文献回顾

货物的流动支撑着经济社会的发展，减少运输成本和时间就会获得切实的经济收益，运输规章、程序和管理框架不应阻碍运输效率的提高。随着贸易量的增加，各经济体对国际运输物流服务的要求越来越高。同时也需要借助各种多边体制，通过外贸运输市场的开放、程序的标准化及推进经济体间相互承认等措施，促进贸易便利化。因此，需要研究如何通过对运输成本的合理控制来更好地服务于而不是制约国际贸易活动。

运输成本可以影响国际贸易当然不是新近的发现，经济学家早已用引力模型论证了距离与贸易规模间的负向关联。只是近期发现在阻碍国际贸易的因素中，运输成本已经替代了传统贸易壁垒的地位。鉴于物流费用在贸易成本中的重要性及国际物流费用总体上涨的态势，国际物流已成为国际经济学和运输经济学共同关注的论题，取得了丰富的专门成果。比如 Limao 和 Venebles（2001）的实证分析显示，决定运输成本的一个重要因素是出口经济体基础设施的质量，对内陆经济体尤为重要。Francois 和 Wooton（2001）认为运输成本的下降可以使很多国家获得比经合组织国家降低关税更大的收益。Wilson（2003）利用引力模型对亚太地区贸易便利化、贸易流量和人均 GDP 之间的关系进行了计量分析，认为港口效率和制度壁垒对贸易流量的的影响最大。Clark、Dollar 和 Micco（2004）使用美国贸易统计数据的回归分析显示，港口效率的改进可以降低运输成本。其他变量中，集装箱化率、航向不平衡性以及班轮运输总量与运输成本负相关。Blonigen 和 Wilson（2008）基于美国的进口统计数据估计了美国主要贸易伙伴的港口效率，从而对双边贸易发挥解释力。

虽然多数学者认为地理位置是国际贸易运输成本的决定因素，但运输成本并非是完全外生的，而是会受到公共政策的影响。自由化改革是运输部门降低成本以更好地支撑国际贸易的关键维度，运输自由化改革在贸易促进方面可具备类似于关税减免的作用，所以这也成为相关研究的重要方向。John Raven（2001）在设计世界银行贸易与运输便利化问题"审查工具包"时指出，货物贸易在边境面临的障碍包括非竞争性运输系统，例如垄断的空运及海运航线和类垄断的港口管理。Fox A. K（2003）研究发现，美墨边境口岸转车及监管程序延长了货物的等待过境时间，大量运输工具在口岸造成集中拥堵。如果消除卡车运输过境方面的一些低效管理规定，就可以使美墨南部边境贸易每年增加 60 亿美元，两国的福利水平都会提高。Kasarda 和 Green（2005）的研究发现，航空自由化可以促进航空物流水平的提高。

近年来，国内也有文献对运输物流与国际贸易的关系进行分析，特别是两者间的总量关系。研究指出，国际运输成本是阻碍中国与贸易伙伴之间贸易增长的主要因素，降低运输成本是促进国际贸易的有效途径。在运输业自由化改革方面，朱意秋（2010）研究发现，中国海运企业的国际市场份额正逐年提升，固定市场份额指数已经由负值变为正值，这些国际竞争力指标的好转与中国近年来放开海运市场、促使直接竞争有正相关关系。针对近期国际运输费用总体上涨的态势，下面的内容将在论述国际贸易与国际运输的互动机理后，建立一个国际物流的博弈模型，然后在此框架下讨论物流部门自由化改革计划的绩效，最后提出旨在降低国际物流费用的具体改革路向。

1.1.2 国际贸易与国际物流互动关系的机理描述

国际运输服务的概念相当宽泛，除了海运、空运等实际商品从出口国到进口国物理移动的运输服务外，还包括辅助性金融、通信、专业服务等。国际物流除了可以由 CIF 和 FOB 价格之间的差异代表外，还包括其他组件。国际贸易需求是国际运输存在的前提，货物进出口贸易为国际运输服务提供了巨大的原动力和市场机会，同时国际运输也是贸易活动得以顺利开展的保障。运输技术进步促进了国际分工的深化，加强了各国间的经济联系。运输业的发展为开辟更广阔的市场提供了可能，如苏伊士运河、巴拿马运河的开通，显著缩短了洲际航程，推动了国际贸易发展，成为经济全球化的重要沟通媒介。运输工具的大型化和专业化均可降低运费，提高贸易商品的国际竞争力。运输系统的改进能够直接引致出口增加，贸易额的增长可以通过提升物流绩效来实现。总之，国际贸易与国际运输的发展互为因果，并相互产生正向反馈作用。

传统国际贸易思想假设不存在运输成本为理论推导提供了便利，但却偏离了现实环境。被忽略的交易费用和运输成本实际上占据很重要的位置，甚至有可能改变贸易格局。贸易障碍在相当大程度上影响着国际贸易流的范围和规模。作为混合体的国际贸易障碍主要包括政策壁垒（如关税、配额、技术标准等）、自然壁垒（如时间、距离、语言等）以及与国际运输物流相关的成本。在很多国家，国际运输物流造成的商品贸易成本比关税更显著。运输成本可以使国际贸易量减少、国家间比较优势减弱甚至丧失。而物流成本的下降则可以使经济环境不断趋近交易费用为零的假设，从而实现国际贸易的增长。

在衡量双边贸易规模的引力模型中，两国的距离及运输成本构成贸易的阻抗因素，改进国际贸易运输的利益在逻辑上有清晰的体现。低效率的物流体系会成为国际贸易发展的瓶颈，从事国际贸易带来的利益会被巨大的流通费用所抵销。国际贸易货物的转送需要优秀的物流系统，才能实现安全、迅速、准确、方便的目标。国际贸易运输的规模经济效应是非常显著的，这既表现在单船层面，也表现为港口层面。比如在阿根廷布宜诺斯艾利斯港，针对大型集装箱船的单箱航道使用费远低于小型船舶。贸易量小的海运航线会配备小型船舶，但这就意味着较高的运输成本。特别是双边贸易的不平衡引致的空箱运输将使进出口商付出更多额外费用。

1.1.3　国际物流的基本研究架构

考虑一个两国模型（国家 1 和国家 2）以及两类厂商（制造商和运输商）。在一个两阶段的动态博弈中，首先由不完全竞争条件下的运输商选择承运能力和运输价格。然后在均衡运价给定的情形下，由制造商在两国的产品市场中竞争。可以把上述过程看作斯塔尔伯格模型，其中运输商是先行动的领导者，而制造商是跟随者。依照多阶段博弈的通常做法，后一阶段将首先被刻画，以明确制造商对运输商在第一阶段设定的费率的行为反应，然后再根据运输商对制造商可能反应的判断去描述运输市场均衡。为突出运输成本对国际贸易活动的影响，模型中不考虑关税等政策性贸易壁垒。

1. 产品市场

假设两国各自只有一家制造商，而且两家厂商的产品具有完全可替代性。在每个市场上，制造商作为古诺竞争者同时行动，在竞争者产量给定的情况下进行旨在利润最大化的产量决策。

在国家 i，假设制成品的逆需求函数为线性形式：

$$p_i = a_i - b(Q_{i1} + Q_{i2}) \tag{1}$$

其中，p_i 指 i 国该产品的价格，Q_{ij} 是指由 j 国的制造商供应的数量，a_i 是代表国内市场规模的参数，b 代表需求曲线的斜率，而且假设两国的 b 值相等。

为进入 i 国的市场，j 国的制造商（$i \neq j$）需要向国际运输商支付运输成本 t_i。而 i 国国内的制造商在供应本国市场时只存在生产成本，不需支付国际运输费用。假设两国厂商的生产成本均由常量边际成本 c 表示。厂商 i 通过求解下列函数来实现其在两国的利润最大化：

$$\max Q_{ii}[a_i - b(Q_{ii} + Q_{ij}) - c] + Q_{ji}[a_j - b(Q_{ji} + Q_{jj}) - (c + t_j)]$$

两国各自进行的古诺博弈可以被单独分析，不失一般性，下面考虑发生在国家 1 产品市场的竞争行为（国家 2 的情形类同）。最优化的一阶条件可以产生国内厂商 1 和外国厂商 2 的反应函数，也就是得到了在竞争者产量给定的情况下满足利润最大化的产量：

$$Q_{11} = \frac{a_1 - c - bQ_{12}}{2b} \tag{2}$$

$$Q_{12} = \frac{a_1 - (c + t_1) - bQ_{11}}{2b} \tag{3}$$

上述两个反应函数表明，每家制造商的产量与另一家负相关。而且，外国厂商的产量随着生产成本和由关税及运输成本构成的贸易成本的提高而减少。联立式（2）和式（3）可得到国家 1 的产品市场的纳什均衡产量。可以看出，运输成本的提高会导致该产品国内产量的增加及进口量的减少。

$$Q_{11} = \frac{a_1 - c + t_1}{3b} \tag{4}$$

$$Q_{12} = \frac{a_1 - c - 2t_1}{3b} \tag{5}$$

2. 国际运输市场

式（4）和式（5）提示国际运输商，制造商将如何对设定的运价水平做出反应。假设 n_i 表示将制成品从 j 国运到 i 国的运输商的数量（$i \neq j$）。由于国际运输领域通常由卡特尔组织主导，所以 n_i 的数值一般较小，其数值的变大则意味着竞争程度的提高。

下面考虑从国家 2 到国家 1 的海运路线（相反方向的情况是类同的）。从运输商的视角来考虑，其所面临的运输需求是由前面得到的厂商 2 生产并销往国家 1 的产品数量 Q_{12} 决定的。式（5）可被重新表述为一种线性的逆需求函数形式如下：

$$t_1 = x_1 - y n_1 q_{12}^i \tag{6}$$

其中，$x_1 = \dfrac{a_1 - c}{2}$，$y = \dfrac{3b}{2}$，t_1 代表运价水平，q_{12}^i 是某一家代表性的运输商 i 的运输服务供应量。假设各家运输商的规模相等，那么 $Q_{12} = n_1 q_{12}^i$。

假设提供前往国家的运输服务的边际成本是常数并记为 r_i，其不仅代表运输商的运营成本，并且涵盖了运输商承担的税收、规制负担等政府费用。在进行运输能力决策时，代表性的运输商将在假定其他竞争者的运输能力固定时，最大化以下目标函数：

$$\max q_{12}^i [x_1 - y(q_{12}^i + (n_1 - 1)q_{12}) - r_1]$$

其中，q_{12} 指其他（$n_1 - 1$）家运输商中每一家选择的运输服务能力。这样，便可得到运输商规模竞争的古诺均衡：

$$q_{12}^i = \frac{x_1 - r_1}{y(n_1 + 1)} \tag{7}$$

联立式（6）和式（7）可得均衡运价水平 t_1，可发现 t_1 与 n_1 负相关，与 r_1 正相关。

$$t_1 = \frac{x_1 + n_1 r_1}{n_1 + 1} = \frac{a_1 - c + 2n_1 r_1}{2(n_1 + 1)} \tag{8}$$

在刻画好国际运输市场之后，再返回到产品市场。有了式（8）得到的均衡运费率，就可以重新表述两家制造商的产量选择：

$$Q_{11} = \frac{(2n_1 + 3)(a_1 - c) + 2n_1 r_1}{6b(n_1 + 1)} \tag{9}$$

$$Q_{12} = \frac{n_1(a_1 - c) - 2n_1 r_1}{3b(n_1 + 1)} \tag{10}$$

最后，再结合式（1）便可得到国家 1 的消费者支付的产品价格：

$$p_1 = \frac{a_1(2n_1 + 3) + c(4n_1 + 3) + 2n_1 r_1}{6(n_1 + 1)} \tag{11}$$

研究发现，在决定国际贸易产品价格的众多因素中，政府部门可控制多方面的政策工具，包括通过运输商的数量 n 代表的竞争政策和通过成本变量 r 反映的规制政策。因此，自由化导向的运输改革计划可以主要从竞争和规制政策入手。通过运输自由化，使国际贸易更便利地进行，更好地适应经济全球化对稳定的、及时的、大规模的国际物流能力的要求。

1.1.4 运输自由化改革的效果测试：比较静态分析

下面考察在国家 2 保持原有政策不变的情况下，国家 1 单独推进运输部门自由化时，竞争和规制政策工具的可能效果。

首先考虑引入更多竞争力量，即提高 n_1 的数值，具体方法包括消除进入壁垒、取消卡特尔组织、确保潜在竞争压力等。竞争强化会削弱运输商的市场势力，市场新进入者将增加服务供给并使运费趋于下降。求解一阶导数：

$$\frac{\mathrm{d}Q_{12}}{\mathrm{d}n_1} \geq 0, \qquad \frac{\mathrm{d}t_1}{\mathrm{d}n_1} \leq 0, \qquad \frac{\mathrm{d}Q_{11}}{\mathrm{d}n_1} \leq 0, \qquad \frac{\mathrm{d}p_1}{\mathrm{d}n_1} \leq 0$$

可发现随着运输商数量的增加，运费水平下降，国家 1 的消费者支付的产品价格也下降。供给量方面，国家 1 自身的产量减少，自国家 2 的进口量增加。总的来看，竞争强化政策使国家 1 的消费者和国家 2 的制造商受益，而运输商和进口国国内的制造商受损。

运输商经营成本 r_1 的下降可以通过放松规制、减缓税负及行政壁垒等方式实现。复杂的海关查验程序等行政成本已成为运输商的重要负担，这些限制措施的压缩将可以减低运输商的成本。于是，运输商将会扩张其运输能力，直至达到边际收益等于新边际成本的均衡点。求解一阶导数：

$$\frac{dQ_{12}}{dr_1} \leq 0 \text{, } \frac{dt_1}{dr_1} \geq 0 \text{, } \frac{dQ_{11}}{dr_1} \geq 0 \text{, } \frac{dp_1}{dr_1} \geq 0$$

可以发现，规制政策改革的受益方包括国家 1 的消费者、运输商以及国家 2 的制造商，只有国家 1 的制造商境遇变差。

鉴于以上运输自由化改革政策的利益非中性特征，将对各主体造成不同影响。比如运输商倾向于支持规制改革，却反对竞争强化政策，这时可考虑将两种改革措施联合推出。国内的制造商如拥有足够的政治影响力，就可能以牺牲其他参与人的利益为代价而阻碍改革方案。应注意的是，有时在单个国家不具有政治可行性的政策改革可以通过国际双边协议实现。也就是通过协定，国家 1 和国家 2 同时实施改革计划。因为虽然国家 1 的制造商从本国的改革中受损，但却可以从国家 2 的同步改革中获益，故而可能在整体上支持改革，位于国家 2 的制造商的情形相类似。

1.1.5　国际物流自由化政策的现有进展与改革路向

国际贸易中超过 80% 的货物运输通过海运方式完成，近些年取消港口运营服务市场的进入壁垒、解除船籍歧视而更多利用方便旗船、美国《1998 年航运改革法》引入竞争机制并约束班轮公会的垄断行为等改革措施都可以显著降低国际海运费用。当然出于对海运服务贸易自由化带来经济利益的竞争，WTO 各成员国目前还未能就海运服务在 GATS（服务贸易总协定）框架下达成协议。虽然国际海运服务中的跨境交付已经较为常见，但是在商业存在等方面还存在诸多限制。虽然国际运输自由化可以产生贸易促进效果并改善整体社会福利，但却可能受到既得利益集团的阻碍而出现波折。

1. 运输自由化改革的波折前行

欧盟港口自由化最初是在 2003 年提出的，该法案试图在港口运营服务领域引入更多竞争，在引航和货物装卸市场打破垄断，允许船公司用自己的员工为船舶作业。这些计划立即引起码头工人对职业安全和工作条件的忧虑，认为这会增加意外和影响安全。欧盟内部支持自由化的改革派与保守力量展开了激烈辩论。改革派强调港口自由化将提高欧洲港口的国际竞争力，促进港口投资。反对意见则认为该方案会导致来自非欧盟国家廉价但不称职工人的雇用，从而导致原有码头工人失业以及工资下降。在首次提出后因遭到强烈反对而未获通过后，欧盟委员会在 2006 年再次推出了此项计划，但随即引发波及多个国家的欧洲港口工人大罢工，使得方案再次遭到欧洲议会否决。欧洲议会受码头工会和既得利益者的压力而拒绝旨在促进欧盟港口竞争的指令让托运人十分失望。港口服务自由化的意图是允许在欧盟港口间产生更多竞争，国际贸易托运人要令工会确信新进入者将和现有运营商接受相同标准的安全约束。

2. 运输自由化改革计划的主要路向

为化解国际贸易的阻抗因素、降低运输费用在国际贸易成本中的比例，世界各国还需要在现有进展的基础上，以竞争强化政策和放松规制政策为原则，进一步推动运输自由化改革。中国是世界第一出口大国，而且运输服务贸易一直处于逆差，因此更应从货主国家而不是航商国家的视角来实行改革。下面将主要参照中国情形，解释改革计划的主要路向。

第一，班轮运输企业垄断行为的司法覆盖。中国已经是世界海运货物的最大来源国，对货主利益造成损害的主要是境外班轮公会。中国的主要船公司并不具备垄断能力，同时也未参加公会。由于欧美国家均拥有严格的反垄断立法，因此从欧美到中国的运价一般实行市场调节，班轮公会不加控制。但中国到欧美的海运定价权却由班轮公会掌握，运费水平一度被抬高到相反方向的数倍。境外班轮运输企业的垄断行为导致其与中国贸易商之间的矛盾在加深，班轮公会所处的强势地位使得协商结果往往不利于货主。作为典型的实施横向限制竞争的组织，班轮公会滥用市场支配地位既排斥同业竞争，又损害消费者和公共利益，应纳入《反垄断法》的调整范围。中国《反垄断法》应运用禁止滥用市场支配地位原则，选择行为主义而不是结构主义模式，对航运市场中出现的班轮运输企业不合理行为进行干预。下一步可密切关注欧盟拟取消班轮运输业反垄断豁免等动向，继续加强司法覆盖。

第二，港口部门的放松规制与竞争促进。根据《全球竞争力报告 2005~2006》数据分类项 5.03 "港口基础设施的质量"（取值 1~7，1 为所有被评价国家中的最低水平，7 为所有被评价国家中的最高水平）的测评，中国的得分为 3.6，在亚洲低于韩国的 5.3、马来西亚的 5.9、泰国的 4.4、日本的 6.0 及新加坡 6.8，但领先于印度、菲律宾、印度尼西亚和越南。亚洲各国港口部门，特别是后发港口正努力通过放松规制和加强竞争来提高效率。例如 2010 年 6 月，印度提出将对加尔各答、孟买等 12 个主要国有港口进行公司化改革，并赋予其更大自治权，以帮助其更好地参与国际竞争。这项举措并非将国有资本撤回，而是实现公司化，政府担任出资人角色。而且上述港口的费率将不再由印度主要港口费率管理机构（Tariff Authority for Major Ports）制定，港口会享有自主定价权。贸易伙伴港口效率的提高对促进中国贸易发展有积极意义，当然同时也意味着中国港口还存在通过提升港口效率来助力贸易便利化的较大空间。在经历了"下放地方、政企分开"等改革步骤后，处于开放前沿的中国港口部门还需要深入推动自由化进程。港口运营要推广全业务运营商模式，涵盖多个货种业务，在各细分领域均形成不同企业间的有效竞争，弱化原港务局改制后形成的港务集团在当地港口的强势地位。各相关规制机构要重新谋求清晰的功能定位，在项目投资、日常运营等方面更多依靠市场规则，精简行政程序和综合成本，减少给港口企业造成的不必要负担。

第三，承运人市场准入的放宽。沿海航运权在法律上要求两个国内港口之间的货物运输只能由国内承运人运输。该项制度保护了国内运输业，但在整体上降低了运输效率。在运输自由化改革方案中，可逐渐开放国内沿海运输市场，从而增加贸易量，降低运输成本。取消不必要的外籍轮船强制引水制度，继续放宽外国航运公司在中国境内设立独资船务公司市场准入条件和经营范围。对外采取积极开放、与国际海运惯例接轨的政策法规，对内促进国企、民企和外企的公平竞争，打造开放透明的运输市场秩序。在航空货物运输方面也尽量减少限制，给予航空公司、机场及相关服务业以更多自由。通过天空开放协议增加特定航线的竞争者，积极推进航空运输自由化。根据双边或多边航权协议，不断扩大航权安排。进一步开放私营航空及外资的准入，取消所有权和控制权的限制。承运人市场准入的放宽要考虑到各国所处的不同发展阶段，渐进增加发展中国家的参与。

第四，港口航运企业跨国并购的反垄断制衡。海洋运输是各运输方式中全球化程度最高的，港口航运并购投资的全球化特征很显著。Thomson公司并购数据库 SDC 显示，从 1980 ~ 2007 年的 1235 宗港口并购案中，跨国并购占 40%。在港口运营商巩固了母港市场后，和记黄埔港口（HPH）、新加坡港务集团（PSA）等行业领先者便开始对外大规模扩张。迪拜港口世界（DPW）近些年收购 CSX、P&O 等行动更是对全球市场结构产生重大影响。在集装箱班轮运输业，丹麦马士基公司2005年收购铁行渣华后，全球市场份额从10%提高到将近15%，以绝对的领先优势给其他班轮公司带来压力。港口航运市场的跨国并购已经在各自领域明显提高了市场占有率，进而强化了垄断势力，提高了服务收费，损害了贸易商的利益。当前，外资运营商已经几乎主导了中国沿海港口的集装箱码头，外资船公司也占据了进出口货物运输的大部分份额。中国在放松对外资进入规制的同时，也要对可能造成的垄断行为辨别清晰。在融资过程中要避免对外资的过度依赖，加大国内民营资本的参与程度。具体可以通过确定市场占有率警戒值来进行掌控，当港航企业跨国并购超过警戒值时，必须接受反垄断审查并可能采取反垄断措施，以充分维护产业安全，保障服务国际贸易的长期能力。

1.2　港口民营化的原理与途径

水路运输是五种现代运输方式之一，在综合运输体系中发挥着重要作用，特别是在外贸运输中占有主导性地位，完成外贸货运量的约90%。港口作为水路运输的必备基础设施，成为国民经济的基础产业。鉴于其战略意义和特殊的经济性质，港口产业曾经长期实行公共提供，并受到严格规制。但是自20世纪80年代初以来，自由主义经济思想重新盛行，大规模的民营化运动开始席卷世界。在30多年的时间里，民营化的实施制度安排从单纯出售资产发展到目前涵盖多重路径的民营化谱系；民营化的应用领域也扩展到包括港口在内的交通运输等传统自然垄断产业。同时，在航运技术改革、国外港口竞争压力以及运输一体化等诸多外部因素的推动下，世界各国的港口都面临着完善基础设施、改进生产组织方式以及提高经营效率的压力。而私人部门参与港口建设、经营和管理的诸多优势以及港口投资和经营的多元化和全球化趋势，使全球范围内的港口民营化得以充分展开。

1.2.1　港口民营化的经济解释

一般来讲，港口民营化以港口产权变更为基础，另外也较多考虑港口经营权。私人部门在港口事务中的扩张已成为当今港口产业最重要的特征之一。港口等基础产业民营化改革的根本动力在于提高经济效率，改善运营绩效。在世界范围内的港口民营化浪潮中，经济理论的研究进展为改革实践奠定了坚实的基础，成为重要的推动力量。下面分别从公共选择理论、产权理论、委托—代理理论等方面对港口民营化进行解释。

根据公共选择理论的观点，为了弥补市场失灵，政府对经济的干预活动会带来政府失灵，而政府失灵有时对社会经济的危害要更大。政治家的行为很可能是为了他们自身利益的最大化而非公众利益的最大化。为此应更多地发挥市场的作用，或通过市场内部的制度变迁来避免政府失灵，实现有效率的资源配置。公共选择理论为港口民营化改革提供了相应的理论基础。政府失灵往往在国有企业对港口的垄断经营中存在。从现实来看，为避免政府失灵，政府应放松对港口产业的经济规制，并进行民营化改革。对于不再具备自然垄断特征的业务环节，国有资本应逐渐退出，让私人部门参与经营。政府应尽量不直接干预港口的微观经济活动，更多地让市场发挥作用。全球范围的港口民营化事实上是对政府干预经济失灵做出重新思考之后的现实选择。

通过对公有企业与民营企业产权特征的比较分析，可以发现以私有产权为基础进行经营的民营企业更加符合市场经济对产权制度的要求。产权理论也为港口产业的民营化改革提供了有利的理论支撑。对于港口产业，由于产权制度安排不同，必然带来不同的产业效率。事实证明，传统的由港口当局从事所有港口活动的公共港口制度已经很明显地损害了经济效率。因此从港口业务的总体框架来看，只有在私人资本不愿从事的领域，公有企业的进入才是必要的。如果以适应市场经济为基本原则，严格意义上真正适应市场竞争的港口企业在产权制度上必须是责权明晰、政企分开的。总之，产权转换是决定港口企业经营绩效的关键因素之一，对于港口改革中公有资本退出或缩减的领域，应该由产权更为完整和清晰的民间资本来填充。

从国有企业和民营企业委托—代理关系的比较可以看出，其根本区别在于产权主体缺位的问题。所以一个自然的思路就是通过民营化改制实现产权人格化，这是有助于解决委托—代理问题的较好途径。基于委托代理理论的港口民营化的意义可以归结为：第一，有利于促进政企分开。通过港口民营化引入多元化投资主体后，政府对企业的行政干预在一定程度上会遇到其他投资主体的抵制，公司内部组织结构中的相互约束和相互监督机制就有了良好的运行基础，相对提高了公司决策的公开性和程序性，可以有效推动政企分开的进程。同时，港口企业经营也由多元目标变为以利润为核心的一元目标。第二，有利于降低委托—代理成本。通过民营化改革，可以缩短港口企业委托—代理关系的链条，有效抑制内部人控制，降低委托—代理成本。第三，有利于代理人选择的市场化。在民营经济成分明确地追求经济利益要求下，必然是根据市场对代理人的考核评价来确定和选择。

1.2.2　港口民营化改革的途径选择

由于意识形态和政治上的约束，不同国家对民营化的要求是不同的。综合考虑本国宏观（政治、经济、意识形态和制度结构等）和微观（港口规模、地理位置、初始条件和服务类型等）因素，各国的港口民营化方式及划分习惯各不相同，比较常见的形式有：

1. 管理合同

港口当局把港口的经营管理权通过合同的形式委托给民营业主，并通过支付管理费的方式对该企业进行补偿，管理费通常依赖于某些绩效指标。港口当局仍享有资产所有权并负责后续投资，民营企业不承担投资和商业风险。

2. 租赁

港口当局把一些港口资产的使用权通过合同的形式转移给民营业主，但与上述管理合同不同的是，租赁方式是通过对基础设施的使用者收费。港口租赁设备的所有权仍属港口当局，民营企业须承担企业运营的商业风险和必要的设备维护，但不具有投资义务。

3. 特许经营

民营企业在一定的时间内获得许可，提供码头装卸等经营性服务，期满后可续签。与租赁相比，该方式要求获准特许经营的民营企业承担商业风险和重要的投资义务。特许经营在授权双方确立了明晰的法律关系，港口当局在吸引私人投资的同时可以保留对重要港口设施的长期控制。

4. 市场准入

即私人企业被允许与现有的公共企业进行竞争，但是不必在未来时期将资产所有权转交港口当局。比如 BOO（建设—运营—拥有）合同等，这属于增量意义上的港口民营化。

5. 资产出售

这是港口民营化程度的最高形式。通过投标等方式将港口土地及附属设施的所有权，全部转移至民营部门。作为存量意义上的民营化，这种方式成为 1983 年以后英国政府在实行港口民营化时的首选。

在过去的 30 年中，许多国家在港口产业进行了制度变革以提升效率。港口部门的制度重构包括各种不同的具体方式，但却拥有一个共同的目标，即迅速对市场做出反应以满足客户要求。通过放松规制、商业化和民营化，政府和公共部门的作用被削弱，而私人力量被鼓励更积极地参与到港口活动中制度创新的实际需要。在中国，日渐扩大的港口服务需求和相对紧张的财政资金约束必然提出制度创新的要求。民间资本的参与可以为港口服务机制注入新的活力，并在缓解资金约束的同时显著提高企业效率。港口民营化的国际经验表明，要提高中国港口服务的有效性和竞争力，必须进行制度创新，引入不同的投资主体和经营形式，培育有效的竞争机制。

1.3　港口物流业务的分类规制政策

港口物流产业的市场化改革成为一种可行和预期效果良好的路径，来把该产业调整为新的更具竞争性的结构，更好地满足运输需求。三十多年来，世界范围内的港口物流业改革取得很大进展和良好绩效，特别是拉美国家及亚洲国家成为改革的活跃主体。

在港口物流产业改革中，正确把握竞争与规制的关系具有重要意义。港口竞争的形式和规制需求是紧密相关的，而且在很大程度上取决于港口规模、外部竞争的程度以及需要保护的独占腹地货源的范围。虽然许多因素提升了在港口业务环节上引入竞争机制的可能性，但是在目前的技术和需求条件下，港口物流产业中在一些业务环节和地理区域仍然具有垄断性，因而规制仍是不可缺少的。关键是在规制与竞争并存的情况下，如何把规制与竞争协调起来，使它们在互有分工的基础上实现相互补充。这一系列改革涉及复杂的理论和技术方法，也涉及许多相关的制度安排❶。本书根据对港口物流不同业务领域规制需求的分解，系统地提出分类规制政策。

1.3.1 港口物流业务领域可竞争性分析及规制需求

1. 基于可竞争性的港口业务分解

以往研究港口产业经济特性时，一般是从整体的角度来描述其自然垄断性，并认为有必要由政府施加经济规制。但实际上，将港口产业内部业务分解为运营服务与基础设施两个部分来研究，可以更准确地认识港口产业内部的经济性质。也就是运营部分的规模经济、范围经济并不像基础设施那样明显，只有基础设施才具有较强的自然垄断性质。港口不能被看作提供单一服务的实体，在港口区域范围内发生着多样化的活动。这样就有必要考虑每种单项服务的不同特征，并据以确定不同的规制方案。比如有些港口服务需要自然垄断结构，而另外一些服务则可能在竞争条件下被更好地提供。竞争可以被当作规制的替代品，但是竞争并不是对所有的港口和各种类型的服务都可行。

和其他网络型产业一样，大部分港口基础设施具有自然垄断特征。但不一样的是，港口提供多样化的服务，而不是单一的某种产品。多数港口服务都可以引入竞争，虽然提供这些服务也存在规模经济和一些沉没成本，但要弱于港口基础设施部分。比如，提供拖轮服务的大部分资本成本是购买拖轮，而拖轮产品具有非常活跃的国际市场，其中包括二手市场。获得拖轮的成本不会形成阻碍进入的物质壁垒，因为只有一小部分成本是沉没的。这样，拖轮服务就属于具备一定可竞争性的活动。在港口产业中可竞争的部分，对市场机制的干预和产权的残缺应该被最小化，引入竞争的空间应该被充分利用。相对应地，公共部门应该规制或直接运营港口产业中沉没成本较大、自然垄断性强的部分。

---

❶ 在国外，专门针对港口竞争与规制的研究成果相当丰富，一批有影响力的经济学家长期以此作为自己稳定的研究方向，世界银行的研究人员也非常关注港口改革与民营化问题。

可竞争市场理论的关键条件是进退完全无障碍，或者说进入和退出市场的成本为零。当然在经济实践中，该假设条件与现实情况肯定会存在差异，但是也必须承认市场的可竞争性的高低会对市场结构及绩效产生影响。港口运营服务的市场新进入者可以租用装卸设备，而且取得特许经营权后可以接管原有的员工，从而降低因需要大量资本和专业技术人员而引起的市场进入障碍。相对运营服务领域，港口基础设施的投资规模更为巨大，固定成本比例更高，表现为投资的不可分性和资本的密集性，需要大量投资形成一定的规模才能发挥作用，而且规模经济效益明显。从投资的沉淀性来看，港口基础设施的沉淀性明显超过运营服务，加之基础设施强烈的资产专用性，其沉淀成本非常沉重。因此，运营部分的可竞争程度明显高于基础设施环节，后者的市场可进入性差，较易形成自然垄断。港口运营服务环节和基础设施环节不同的可竞争性源于不同程度的沉淀成本，而沉淀成本的比例又主要取决于资产的专用性和可移动性。通过对港口不同业务环节经济性质的识别，就可以考虑确定不同的政策选择。

2. 港口物流业务分类规制的基本思路

从规制的角度考虑，基础设施的提供和以货物装卸为主的运营服务是港口的核心活动，港口效率主要取决于这两项活动。由于其他活动一般处在竞争条件下，因此对规制的需求并不强。实际上，对港口费率等的规制需求基本取决于港口竞争情况。假如港口处于一个高度竞争性的环境，那么规制机构并不需要太关注私人运营商是否要价过高。因为在这种情况下，私人公司必须对价格进行自我控制，以避免失去市场份额。目前，水路运输虽然在外贸运输中占据控制地位，但在内贸业务中却面临着较强的外部竞争环境，用户在不同的运输方式之间的转换成本并不高。这样，运输方式之间的替代性竞争会对港口定价形成一种约束，使其不会无条件地上升，放松规制下的竞争可以达到规制所要达到的目的。如果竞争是可行且合意的，那么港口规制就可能不太需要和不重要。这时规制者的角色可以被削弱至只对价格进行定期监控，以防止提供类似服务的竞争者之间的潜在合谋。需要指出的是，总体来看，港口产业的竞争程度不断增加，但这并不意味着对所有的港口或所有活动产生同等的影响。具体情况取决于很多方面，比如港口区位、类型、货物规模和结构等。

根据对港口不同业务领域可竞争性及规制需求的分析，在港口产业规制改革的具体过程中，应遵循如下基本思路：①在典型的自然垄断环节更新规制方式，保留一定内生规制的同时实行接入定价规制；②在自然垄断性质已经发生变化的、更具可竞争性的业务环节打破垄断，充分利用市场机制，实行竞争制度；③在规制与竞争的两种典型领域之间，还存在着较为广泛的中间领域，即兼有竞争和规制部门的特征，需要同时实施规制与竞争制度，但规制应该是建立以绩效为导向的激励性规制制度。具体业务划分见表1-1。

表1-1　港口业务环节的垄断与竞争

环节划分	业务内容	治理方式
竞争性环节	物流增值服务，如包装、仓储、简单加工等	市场竞争
中间领域	核心业务，如装卸、堆存等	竞争与激励性规制
自然垄断环节	海上及港区的基础设施提供	内生规制与接入定价规制

当然随着港口技术经济特征的变化，三个领域会不断调整和相互转化。从整体上看，竞争制度和规制制度关系在港口产业的演进呈现出一种竞争日益强化、规制范围逐渐缩小的趋势，这也基本符合各国港口产业规制改革的一般方向。要建立这种新的规制框架，就要在放松规制的前提下，根据需要对港口进行纵向及横向重组。

1.3.2　港口物流产业放松规制：竞争强化战略

抛开各国推行改革时政治经济背景的具体差异，隐藏在港口产业规制改革背后的基本逻辑是由于需求变化等原因导致部分业务领域的自然垄断特征发生变化，也包括原来国有化或规制治理方式低效的缘故。因此，在可竞争性较强的港口业务环节放松规制和引入竞争成为改善港口产业绩效的重要努力方向。当然强化港口竞争也应该建立在规模经济的基础上，因为具备一定必需品特征的港口产业被要求提供稳定持续的服务供给和质量保证，在不限制规模的情况下容易出现缺乏规模效应的过度竞争。

1. 港口竞争类型的界定

一般来讲，港口竞争可以被定义为三种类型：港口间竞争（inter - port）、港口内竞争（intra - port）和码头内竞争（intra - terminal）。港口间竞争是指两个或更多的港口为同样的货源而竞争，比如香港和新加坡、洛杉矶和长滩、鹿特丹和安特卫普之间的港口竞争。港口内竞争指的是同一港口内部两家或更多的码头运营商之间的竞争，比如美洲装卸服务公司、长荣和 HIT 在巴拿马港的竞争。码头内竞争指的是同一码头内不同公司提供相同服务的竞争。各种形式的港口竞争有利于从事港口运营的私人部门将剩余转移给用户，并减少滥用垄断力量的机会。港口市场容量是决定适宜的竞争类型的关键因素。虽然每家港口的实际情况不同，较难建立统一有效的基准来判断合适的竞争程度，但目前国际上在集装箱码头领域存在基于集装箱吞吐量来划分竞争类型的常用标准，见表1-2，世界银行的一份研究报告将该标准称为经验准则。对港口竞争类型及相应的规制需求必须在整体框架下加以统筹考虑。

表1-2　集装箱吞吐量与竞争类型的划分基准

竞争类型	集装箱吞吐量（万 TEU/年）
同一码头内	>3
码头之间	>10
区域内港口之间	>30

资料来源：Kent and Hochstein（1998）. "Port Reform and Privatization in Conditions of Limited Competition：The Experience of Colombia，Costa Rica and Nicaragua." Journal of Maritime Policy& Management 25（4）：313 - 333.

2. 评估港口竞争的概念框架

用于指示港口服务市场竞争程度的因素主要包括运输选择和能力利用率。这一框架并不是旨在确定某个港口或码头运营商实施了反竞争行为，而是对竞争态势的判断，以及指出反竞争行为可能发生的条件，从而为产业重组和改革提供依据，并为规制当局的监控方向提供预警。在具备竞争条件但竞争程度又不足的地区或环节放松规制，引入新的竞争主体。

最重要的竞争指标是托运人拥有运输选择或替代的程度，托运人所面临的选择空间在很大程度上决定了港口部门的竞争程度。在研究选择方案时，应根据货物类型、航运特征和方向来分析具体的货物流。竞争性运输选择的获得并不仅仅基于替代港口的存在，而是包括内陆和港口在内的全部运输系统成本。这样，评估港口竞争程度首先需识别成本最低的运输路径，这样每个可选项的竞争力便取决于与最低成本的差异。如果货物流面临很多的运输选择，并且拥有较小的成本差异，就说明市场竞争程度较高。相反地，如果运输选择较少，而且具有较大的成本差异，那么市场就被认为是弱竞争性的。

能力利用率指标可用于评估一国港口服务的供求关系。比如，供给严重短缺可能会使港口或码头运营商有实施垄断行为的倾向。实际上，从泊位占有率和船舶候泊时间两个方面可以反映港口供给的短缺或者说港口拥挤状况。由于泊位一般是主要的限制性因素，所以泊位占有率与港口能力的利用程度直接相关，也决定了船舶的候泊时间。上述两个指标对散货、杂货和集装箱等不同货种和船型应分别计算。不断提高的泊位利用率和等候时间可以有力证明能力不足，从而反映出竞争的缺乏。

3. 港口竞争强化战略与方法

竞争压力决定着港口产业所需规制的程度和适宜的形式。港口企业所承受的竞争压力越大，需要的经济规制就越少。在港口产业规制改革中，政府往往在港口业务量允许的范围内试图引入尽可能多的竞争者，对港口的分拆重组及随后在不同水平上的市场进入将会提高竞争程度。

在港口部门建立竞争需要三个步骤。第一步是细致研究部门结构，评估市场条件和重组可能。第二步是完成对港口部门的重组，在一个或更多的业务领域创造竞争机会。如果无约束的竞争得以实现，那么过程结束。而如果竞争只在有限范围内存在，就还需要在第三步中建立规制框架来保持公平竞争和保护港口用户利益。

在港口部门引入和促进竞争的具体方法包括：①建设新的泊位和码头。很多港口实际上不能在现有设施的临近区域进行规模扩张，这可能是由于土地的缺乏、城市发展的制约等方面的原因，而且，该方法的运用要求有足够的货运量来回收成本。特别是当港口扩张中的新设施完全采用新建的方式，因为这时需要在陆上接入和公用基础设施方面的额外投资。②将现有港口分拆为竞争性码头。这是指将现有港口设施划分为独立的码头，每个码头出租给不同的运营商。当然该措施也是假定对于同一类型的货种可以有足够的货运量来支持两家或更多的码头。③在码头内部分离港口业务。这种措施对应着码头内竞争（intra‑terminal）形式，对业务的分离可以有不同的具体形式。④短期运营协议。这种方法主要是当货运量无法满足将港口分拆成若干竞争性码头的时候采用。这实际上是为取得经营权而展开的一种特殊竞争，私人运营商为获得租约或特许经营权将采取竞争性行为。

1.3.3　港口物流基础设施的内生规制与接入定价规制

1. 内生规制

港口部门的传统经营方式是由政府垄断性提供所有港口服务，那么在港口产业规制改革的过程中，基础设施的功能定位和改革方向成为需要考虑的一个重要问题。王俊豪和周小梅（2004）曾提出了按照自然垄断产业业务领域的性质分布国有企业和民营企业的原则，认为总体分布格局应该是国有企业主要经营自然垄断性业务，而民营企业主要经营竞争性业务。本书认为，在内生规制和外生规制两种模式之间，港口基础设施仍由政府投资，同时由公共部门经营和管理应该成为适宜的选择。也就是说，港口基础设施的公共物品属性和自然垄断特征使其应该实行内生规制。

港口的准公共物品特性意味着其所提供的利益有一部分是可以通过市场交换来得到价值补偿的，这就为私人资本的进入提供了可能，同时也对其进入范围做出了界定。应该说明的是，港口的各类基础设施具有不同的投资收益率和经济属性，所以对港口设施的细分是据以确定具体投资主体的前提。比如进港航道是一个开放的水上通道，难以向过往船舶收费，同时为保障航道的水深要求，还必须定期进行航道疏浚，因此进港航道应属于公益性港口设施。而码头泊位的情况则与此不同，由于船舶必须停靠码头后才能进行装卸作业，形成一个相对封闭的系统，从而具备收费的条件。对于具有公益性与营利性双重特征的港口基础设施，应实行多元化的投资主体，由政府与私人企业组合投资，在港口投融资方面构建和谐的公私伙伴关系。另外，意识传统和经济发展水平也会对港口基础设施规制模式选择产生影响。比如世界上数量不多的由私人资本建设基础设施的完全民营港口，主要出现在具备自由主义传统、私人经济力量强大的一些国家，包括英国和新西兰。

从各国港口产业规制改革的实践看，大多数国家对港口基础设施采取了内生规制的方式。国际港口协会（IAPH）在 1999 年针对全球主要港口的问卷调查表明，大多数港口在不同程度上都保留了公共所有权。在集装箱码头中，大约90%的码头用地属于港口当局或其他公共实体所有。几乎没有进港航道属于私人，这主要是由于这些港口资产的公共物品特性会使私人公司无法回收成本，所以大都为港口当局或其他公共组织拥有。Tru-jillo Nombela（1999）汇总了一些国家或地区的港口设施融资情况，发现主要由于海上接入及港区基础设施的公益性特征，一般均由政府部门或港口当局负责。而鉴于港区经营设施的竞争性特征，往往由私人部门供应或通过签订特许经营合同的形式明确私人运营商的权利和义务。

2. 接入定价规制

在港口物流产业规制改革和重组之前，大多数国家普遍采用垂直一体化的组织形式，即一个垄断企业既经营基础设施，同时又经营可竞争业务环节，不存在其他竞争者的接入定价问题，但其提供的服务价格一般要受到规制。实践证明，上述传统模式的效率较低，港口无法真正实现企业化经营，而且垄断体制还会产生 X 非效率，内部组织成本过高。因而从整体上讲，这种模式正成为结构改革的起点。

在基础设施领域，接入问题产生的主要原因是不同生产要素或生产过程之间存在着互补关系。在非垂直一体化经营模式下，港口当局负责建设基础设施，私人运营商在基础设施上购置装卸设备等经营设施。垂直分工主要是基于港口设施的经济特性，确立不同经济主体之间的作用。港口当局投资基础设施，可以营造出公平竞争的平台，提高港口经营市场的可竞争性，从而为引入和选择多元化、高效率的运营商提供便利。非垂直一体化经营带来的结构分离能够与港口产业的成本特征相对应。在港口产业中经营业务之前必须首先建好提供服务所需要的基础设施，由于这些资产多为沉淀成本，还存在规模经济等其他自然垄断特征，这决定了在这些环节很难引入竞争。另一方面，在基础设施上提供的各种运营服务却是可竞争的。尽管为了提供港口运营服务也会产生一些沉淀成本，但与建设港池、航道等基础设施的沉淀性投资相比无疑是很小的。在垂直分离以后，就可以在港口产业的运营服务市场上产生竞争，此时原则上每个运营商都拥有对基础设施平等的使用权。垂直分离方案的主要优点是允许港口运营商之间相互竞争，增大港口用户的选择空间，但是这样并没有从根本上解决自然垄断环节产生的规制问题，仍需要一个有效的接入政策。

在港口产业，控制具有垄断特征的"瓶颈"环节的一般是港口当局或其他公共组织，而在民营化以后，私人运营商占据了港口运营服务市场的主导地位。实际上，港口当局的收费对象并不是私营运营商，也包括货主和船公司。但是只有港口当局和运营商之间属于港口产业内的上下游关系，运营商必须使用港口当局拥有的基础设施作为投入品，从而形成单向接入问题。在这里，港口当局相当于拥有基础设施的垄断环节，而运营商则构成竞争部门，对港口当局的接入定价规制属于港口规制的重要内容。

1.4　领先的国际物流门户——安特卫普港的发展特征解析

在国际贸易的所有交易费用中，运输物流占较大份额。作为国际贸易活动的引致需求，运输服务应该更好地提供保障和支撑。在世界范围内，港口总是成为国际贸易流的交汇中心，是更大地域的开放窗口，优秀港口可以在国际物流中发挥核心作用。

由于靠近欧洲的购买力中心，安特卫普日益成为国际贸易链中的重要一环，是中国及远东其他国家进入欧洲市场的理想门户。在规模庞大的中欧贸易中，安特卫普港正在扮演重要角色，并可以通过深化合作成为连接中欧贸易的枢纽。安特卫普港优越的地理区位、高效的腹地连接和先进的物流服务，保证了长期竞争力。这是一家高度开放、高度市场化的港口物流范例。下面对具有全球领先位置的比利时安特卫普港进行解析，分析比利时安特卫普港的卓越区位、竞争优势和快速增长的经营业绩，并探讨该港在中欧贸易中的作用前景。

1.4.1　安特卫普港的发展现状

安特卫普港属于欧洲基本港，地处斯海尔德河下游，是欧洲的多式联运枢纽。安特卫普是比利时的第二大城市，其主导产业都在某种程度上与港口相关。比利时国民银行的经济分析部门每年会发布港口经济报告，从而能够得到安特卫普港社会经济意义的完整图景。安特卫普港口的边界范围由 1993 年 2 月的皇家条令划定。按照这一法律，邮政编码的单独设定与港区范围基本一致。因此，各企业可以按照其地址信息来进行分类。港口参与方的用户和供应商在安特卫普港区内外的布局可以通过邮政编码或

NSI 代码（National Statistics Institute）来反映。邮编 2000、2020、2030、2040、2060、2070、9120 和 9130 基本涵盖了港口范围，而且，斯海尔德河的左岸和右岸还可以通过 NSI 代码来区分。左岸企业的 NSI 代码是46003（East—Flanders 省境内）或 11056（安特卫普省境内），右岸企业的 NSI 代码是 11002。港口区域坐落于两个不同的省份增加了复杂性，两个省各自为属地范围提供了空间规划。

现今的安特卫普港成为领先的综合性贸易枢纽，码头能靠泊装载能力达 1.5 万 TEU（20 英尺标准集装箱）的集装箱船。通往大量不同目的地的班轮航线使安特卫普港成为连接整个世界的快速和可靠的口岸。安特卫普港在欧洲—非洲班轮航线上发挥了巨大的作用，特别是面向南非等主要客户，其欧洲—非洲航线班轮挂靠率和吞吐量据欧洲港口首位。安特卫普港2013 年的货物吞吐量达到 1.9 亿吨，同比增长 3.5% 并创历史新高。液体散货的吞吐量是 2013 年增长的支柱，一些大型企业的投资取得了效果。

安特卫普港几乎全部运量都是国际运输，从国际贸易商品结构来看，进口货物以原油、矿石、木材、食品为主；出口以钢铁、化工产品和纺织品等工业制成品为大宗。尤其是在水果、造纸、钢铁、咖啡等杂货运输领域，安特卫普港处于市场领先地位。在液体散货方面，由于全球前十大化工厂商中有七家在安特卫普建有生产基地，年炼油能力达 4000 多万吨，成就了安特卫普港作为欧洲最大的化学品生产和运输中心的地位。安特卫普港拥有大量不锈钢储罐和连接全欧洲的管道系统，能为各类气体或液体散货提供一整套的供应链解决方案。在干散货运输方面，安特卫普港装备有各种现代化设施，2011 年被国际散货杂志评为"最佳干散货港口"，这是安特卫普港继 2009 年之后再次获得该奖项。

1.4.2　安特卫普港具备的优势条件

安特卫普能成为世界领先的国际贸易门户，在国际贸易运输网络中发挥着重要作用，主要是由于具备了一系列的优势条件，包括天然禀赋，也包括政策和制度安排，共同促成了安特卫普港的卓越。

1. 地理区位优越

安特卫普港地处德国汉堡与法国勒阿弗尔区间中部，与德国、法国和荷兰相接，西北方向与英国隔海相望，距离比利时和欧盟首都布鲁塞尔仅

50 千米，是欧洲第二大港。这使得安特卫普港拥有了得天独厚的地理优势和广阔腹地。图 1 - 1 显示的是安特卫普港在比利时的位置以及直接腹地的情况，图中的方格状阴影面积代表安特卫普港区，大小不一的圆点意味着腹地的客户群，圆点越大表示市场规模越大。右侧的两幅局部放大图是安特卫普和布鲁塞尔两个行政区划的情况。现在，比利时全国海上贸易商品的 70% 经由安特卫普港。

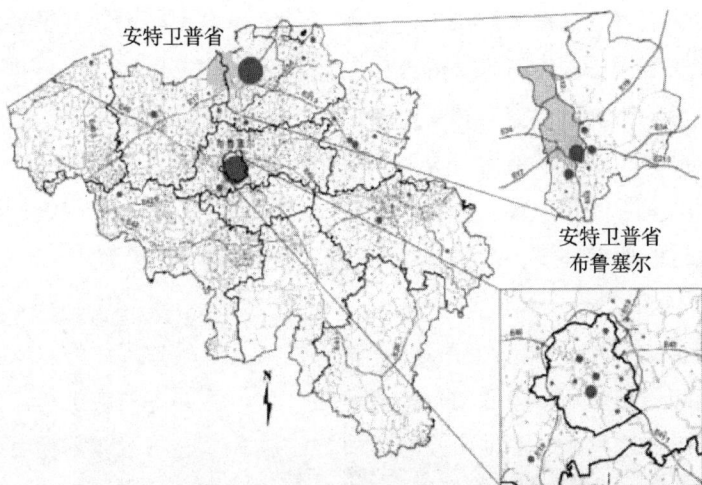

图 1 - 1　安特卫普港直接腹地示意图

安特卫普港深入欧洲中心位置，服务范围可覆盖整个欧盟，其战略位置和高效的腹地通达使其成为各种国际贸易商品出入欧洲的理想门户。此外，中东欧转型经济国家的新兴市场也是扩展腹地，安特卫普港还是北欧五国、波罗的海、地中海地区以至非洲的国际贸易运输枢纽。安特卫普港靠近欧洲消费和生产中心，目前在港区附近设立有 700 多家欧洲分拨中心，吸引了超过 300 家货代公司进驻港口。

2. **集疏运优势**

安特卫普港拥有庞大的集疏运系统，为口岸与腹地提供了高效的联系。集疏运方式的具体比例为：公路占 31%，内河运输占 32%，管道为 21%，铁路占到 12%，4% 是海船转运，应该说这已经是一个相当科学、合理的结构了。陆路运输方面，安特卫普是欧洲重要的铁路和公路交汇点。欧洲卡车运输成本高昂，且面临交通堵塞风险。近几年来，欧洲大陆的道路越来越拥挤，迫使贸易商寻求替代办法。安特卫普地处斯海尔德河

—摩泽尔河—莱茵河三角洲平原，腹地也拥有稠密的内河水网，所以安特卫普很多的集装箱内陆运输由驳船承担，虽然速度稍慢，但既安全又节省成本。总体而言，安特卫普港利用优越的区位因素，把公路、铁路和内河驳船运输与港区融为一体，组成了一个面向海外、面向欧洲大陆辐射的巨大物流网。

3. 自由贸易安排

在安特卫普港的海关区域内允许较高程度的自由行动，包括装卸、存储、转运及配送等，安特卫普港区内的大部分仓库为保税仓库。物流服务商大都获得了符合欧盟安全和安保要求的"经认证的经营者"资格，可以享受快速通关、单一联络窗口等海关便捷待遇，尚未通关的国际贸易商品可以不缴纳关税便在中转区停留。安特卫普港的自由贸易安排给进出口商提供了优越的通港环境，能满足客户对快捷和灵活性的要求。

4. 增值物流服务

在所有欧洲海港中，安特卫普港是提供物流服务最广泛的。安特卫普将货物装卸、物流及工业活动相结合，是一个出色的多功能港口。国际贸易商品可以在这里享受多种形式的增值物流服务。安特卫普港拥有数百万平米的全封闭仓储空间，宽敞的封闭式仓储条件及针对各类货品的个性化物流方案在世界港口中是最具特色的。

5. 生态环境优势

对环境保护的重视程度的提升是全球趋势，特别是在海陆生态系统交界地域的港区。安特卫普港的战略规划方案确定了港区边界并对周边环境提供了最大限度的保护，以加强空间的合理利用。Deurganck 新港区建成后投入了大量资金建立自然补偿区，以弥补建筑施工造成的对自然栖息地的损害，现在共有 11 个这样的自然补偿区。另外为降低硫化物的排放，安特卫普港方的工作船从 2010 年起普遍使用低硫燃料。

1.4.3 作为中欧贸易主要窗口的安特卫普港

近年来，包括比利时在内的欧洲很多国家的经济增长点和贸易重点已转变为以中国为代表的亚洲新兴经济体。比利时国家虽小，却是中国在欧盟的第六大贸易伙伴，中国也是比利时在欧盟外的第二大贸易伙伴。当然以前由于宣传不足等原因，安特卫普港在中国的知名度和影响力稍小于鹿特丹和汉堡。现在的安特卫普港正致力于建成中国通向欧洲的最佳国际贸易门户，中国企业可以选择安特卫普港作为联通西北欧的进出口基地和核心窗口。

1. 当前进展

在西欧港口激烈竞争的环境中，安特卫普港正是借助于中国因素，使增速超过了周边竞争者。中国远洋、中波轮船和中国海运对安特卫普港今天的成就做出了很大的贡献，他们选择安特卫普不仅是因为其富有战略性的地理位置、高素质的员工、良好的发展前景等都成为安特卫普港吸引客户的重要因素。现在，中国企业的投资和运营使安特卫普港在中欧贸易中发挥着越来越重要的作用。在安特卫普港，中远集团在其门户码头参股20%。❶ 目前，安特卫普港每年装卸的发往和发自中国的集装箱量为上百万标箱，这是中欧深化经贸合作的缩影。

无论是在主导的海运航线方面，还是在快捷的国际陆路通道方面，安特卫普都正在成为中欧贸易的桥头堡。在古丝绸之路的基础上，已经建立了东起中国连云港，西至比利时安特卫普及荷兰鹿特丹的新丝绸之路，成为连接从太平洋到波罗的海和北海的国际经贸走廊。新丝绸之路经济带东端连着充满活力的亚太经济圈，西边系着发达的欧洲经济圈。在中国启动内陆地区向西开放的战略构想后，运输走廊的畅通成为首要任务。在亚欧贸易陆路通道方面，"渝新欧"铁路成为代表性新兴力量。从中国重庆西永综合保税区始发，集装箱班列经由新疆进入哈萨克斯坦、俄罗斯等国，先期到达德国杜伊斯堡，随后延伸至 200 多千米外的安特卫普。从中国经中亚至欧洲的高等级公路也在建设中，预计 2017 年建成。总部设在日内瓦的国际公路运输联盟（IRU）表示，用卡车将货物从中亚运到安特卫普港需要的时间至少比海运节省一半。

安特卫普省政府与安特卫普港务局对未来在中国的发展充满信心，希望与中国各港口航运企业建立更亲密的关系。自"渝新欧"铁路全程开行之后，比利时很多当地企业已经表现出浓厚兴趣。安特卫普省专门组织了一趟"渝新欧"返程列车，装载了欧洲生产的汽车、摩托车配件及化工产品。2011 年 10 月 25 日安特卫普省与重庆正式结为友好省。近几年，安特

---

❶ 2013 年 4 月，中远的超大集装箱船"比利时"号首航抵达安特卫普港。

卫普港相继与上海港、大连港、深圳港、宁波港、重庆港、连云港港结为友好港口。安特卫普港向在中国的商务合作伙伴颁发了朋友圈证书，以维护良好关系并继续推动双边合作。

2. 主要举措

在规模庞大并快速增长的中欧贸易中，安特卫普港扮演着越来越积极的角色，希望获取更多的市场份额，希望成为连接中欧贸易的关键门户。今后，安特卫普港为了更好地对接中国战略、借力中国因素，还需要采取进一步措施，尽力为企业提供持续增长的机会。中国要想重建和复兴亚欧丝绸之路经济带，也首先要加快互联互通，打造畅通的海上及陆上国际物流通道，这就需要发挥安特卫普港的优势和作用。

第一，拓展以港口为中心的欧亚海陆通道。为塑造中欧贸易门户的地位，安特卫普正不断对港口进行大量投入以实现其未来发展空间。地方政府、港务局及比利时国家铁路公司（NMBS）将共同投资不少于100亿欧元，兴建安特卫普及周边的基础设施。其中的70亿欧元将用来改善安特卫普联运交通条件。包括斯海尔德河右岸船闸维护、新建斯海尔德河公路桥及加高阿尔伯特运河桥梁等。NMBS方面将投资10亿欧元改善铁路网络，而港务局方面将投资约20亿欧元，以提升港口通过能力和运营效率。为了与来自中国的集装箱班列更好地接驳，安特卫普港和德国杜伊斯堡港加强了合作，通过连接以杜伊斯堡为中心的铁路系统来完善物流走廊。

第二，优化和集中资源，巩固业界地位。在船舶大型化及集装箱班轮运输市场集中度不断提升的情况下，港口获得大型航商的支持是至关重要的。2013年，P3网络联盟宣布选定安特卫普港作为其欧洲平台。P3是由丹麦马士基、瑞士地中海航运和法国达飞三家大型集装箱航商组成的联盟机构。如果不遭到反垄断部门的限制，P3会从2014年开始运营。这再次突显了安特卫普港的重要性，为该港集中资源、加强业界地位提供了契机。为了强化该港在液体散货方面的领军地位，安特卫普还在大力集聚临港工业。德国石化巨头巴斯夫正在安特卫普新建丁二烯装置，2014年年底即将建成。法国道达尔公司也已经批准一个12.9亿美元的项目，计划改造安特卫普炼油平台。安特卫普港在货物处理效率、双向通达能力、内陆地理位置等方面的显著优势，确保了经由安特卫普的国际贸易流的体量、效率和平衡性。

　　第三，谋划提升港口增值物流服务。在亚欧贸易通道西端出海口的选择和建设中，安特卫普港积极与中国有关部门和企业接触，并通过全方位对接吸引更多的欧亚大陆桥货物进出安特卫普港。凭借港区内的多家专业物流商，安特卫普准备提供更加多样的增值物流服务。特别是针对纺织品、电子信息产品等中国的重点出口货品，安特卫普港将可以提供一切所需的物流资源和设施。例如，在安特卫普港配送中心对服装进行点数、熨烫、加标签、加防盗扣及再包装等。通过这些个性化的增值物流服务，安特卫普港希望能更好地满足中欧贸易需求，扩大市场份额，建设成为中欧贸易的基本窗口。

　　第四，加大中方投入，强化物流能力。为了给中欧贸易提供卓越的海陆运输通道，在充分发挥安特卫普港作用的同时，还需要中方加大投入，强化物流能力，做好对接工作。加大铁路基础设施建设力度，协调沿线各国统一采用标准轨距，加速铁路通道现代化建设。鼓励投资者参与新亚欧大陆桥开发，加大班列开行密度，增加建设铁路集装箱中心站和办理站，推进关键节点物流设施建设及内陆无水港建设，提升边境口岸换装能力，提高海铁联运能力规模和等级。建立新亚欧大陆桥运输跟踪和口岸信息服务制度，构建一体化的公共信息平台，实现物流数据的互联互通，连接海运、港口、铁路等各环节。支持条件成熟的中国沿海港口试点建设自由贸易港区，在口岸联动、大陆桥运输方面给予扶持，推动贸易通关便利化。发挥桥头堡优势，建设"丝绸之路经济带"和"海上丝绸之路"高效便捷、富有魅力的东方门户。

第 2 章 东亚的港口开发、国际物流与经贸活动

　　港口作为海洋运输的起点和终点，在国际贸易中扮演着重要角色。便捷的国际物流使企业在全球范围内组建供应链成为可能。当前，世界著名港口大都集中在贸易规模居前的国家，而且贸易发展越快的国家港口的新建和扩建投资项目也是越多的。近年来，由于国际贸易运输需求的持续增长，世界港口投资扩张的重心已明显转到亚洲，特别是东亚，这与该地区经济的快速发展密切相关。经济全球化和东亚经济合作的进展，使得区域内的国际物流环境发生了很大变化。鉴于港口在国际物流系统中的特殊地位，东亚主要国家竞相展开对集装箱枢纽港的争夺。2013 年，中国成为世界第一货物贸易大国，这为港口发展提供了强力的货源支撑。因此，中国港口物流的发展正处于重要的机遇期，位于东亚经济区核心地带的环渤海港口群则将发挥战略作用。

2.1 港口物流投资与国际贸易成本：理论模型及东亚例证

　　港口物流的发展除了可降低国际贸易成本外，还对贸易模式和厂商选址产生影响。下面首先解析港口物流服务、港口投资对国际贸易成本的影响，并建立港口市场的局部均衡模型来表达上述关系，然后以东亚地区为例讨论提高港口物流效率以压缩贸易成本的努力。

2.1.1　港口物流服务、港口投资与贸易成本之间的影响机理

港口在国际运输物流体系中的作用与其提供给船舶、货物和陆上运输部门的服务直接相关。集装箱多式联运有助于港口从侧重于散杂货物向作为全球配送链条的基本连接点发展。港口和自由贸易区的结合是进行诸如包装、轻度加工、库存和配送管理等活动的适宜场所。增强一国的港口物流能力还会对国际航运安排产生影响，更多的国际航运企业被其提供的便利和商机所吸引，可以为该国进出口商品提供更优质的运输服务，从而降低该国进行贸易的物流费用。随着国际贸易的蓬勃发展，作为对外开放的主要口岸和综合交通运输体系中的枢纽，港口在全球经济中处于日益重要的地位。目前，港口作为水运与其他运输方式的过渡点的作用逐渐减弱，作为对外贸易组织者的作用正在增强，成为国际供应链中的主要基点。港口货物吞吐量可以用来衡量一个港口在国际经济贸易中的地位，是一个国家或地区经济繁荣的重要指标，是全球经济贸易发展的晴雨表。

包括港口环节在内的国际物流成本被定义为商品的 CIF 价格减去 FOB 价格，也就是包括货运费和保险成本。众多文献均证实，运输物流的进步可直接改善国际贸易的绩效。Anderson 和 van Wincoop（2004）的研究表明，工业化国家国际贸易成本相当于进出口商品货值的 74%，其中 21% 为运输成本，另外由与边界有关的贸易障碍组成。临港地区拥有得天独厚的运输优势，往往成为贸易中心或制造中心。那些港口基础设施差的地方由于面临更高的运输成本，其对全球市场的吸引力也就会小得多。如果出现港口拥挤，则不仅货运费和保险成本会增加，还会给贸易商带来额外负担，如等待装货或者候泊时间的延长、不确定性的增加等，而这些成本又会转嫁给消费者、削弱贸易商品的价格竞争力。一个效率低下的国际物流系统会产生许多消极影响：贸易迟缓，外国公司投资的可能性小，出口商品竞争力低，订单交货周期延长等。这样，经济将受到抑制而难以参与全球层面的竞争。因此，各国可通过港口物流投资来降低贸易成本，以实现提高贸易便利性的政策目标。运输成本下降的效果等价于跨境关税的降低，并且覆盖所有贸易商品。特别是在高度拥挤的港口，扩大投资将成为便利贸易的有效工具。

2.1.2　港口物流市场的局部均衡分析

图 2-1 是一个港口物流市场的局部均衡模型，用来分析港口吞吐能力对国际贸易的约束以及港口投资的收益。图中的横轴代表数量信息，纵轴表示港口成本。P 是指港口环节的总成本，PT 是港口费率，F 是港口最大通过能力。图中向右下方倾斜的需求曲线代表对港口物流服务的需求，当然这些需求来自对商品进出口的需要。港口物流服务的用户主要包括船公司、货代和进出口商等。需求曲线较为陡峭的形状在一定程度上反映了该引致需求的刚性。港口服务的供给曲线反映了港口服务的价格，由港口费率（PT）和因港口拥挤或低效率带来的附加成本（$P-PT$）共同组成。港口物流市场的供给曲线包括两部分，其水平区段代表着港口运营商的直接收费，当港口设施利用率达到一定饱和度之后，就开始发生拥挤成本，并使得供给曲线向右上方倾斜。

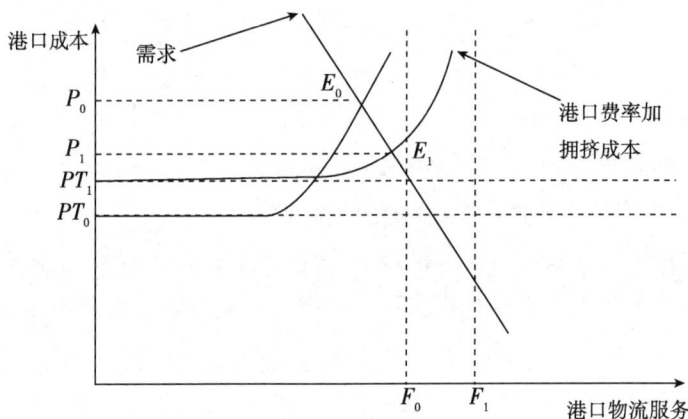

图 2-1　港口物流市场均衡模型

在 0 时刻，市场均衡点位于 E_0。当港口吞吐能力位于较低的 F_0 时，港口拥挤成本是较高的（P_0-PT_0），而港口费率较低（PT_0）。如果该港口实施基础设施投资以扩张能力和升级设施，则通过能力会增加到 F_1。这样，供给曲线的水平部分（即港口费率）就会向上移动以弥补投资成本；但由于港口吞吐能力的扩展，使得发生港口拥挤的临界点会延迟、程度会减弱。将新均衡点 E_1 与原均衡点 E_0 比较，港口费率提高、拥挤成本下降，而相抵之后的总成本下降。在图 2-1 中，该国社会福利的增加是由与港口相关的总运输成本从 P_0 降至 P_1 带来的。这就说明在满足一定的供需弹性条件的情况下，可以通过港口投资的扩张来降低运输成本，接下来又会产生促进海运贸易的效果。

2.1.3　东亚港口物流态势及投资前景

东亚地区在世界海运界的地位提高主要归因于以中国为焦点的经济增长和国际贸易的进步。东亚国家非常依赖作为国际贸易运输主要方式的海运，港口在东亚贸易和物流中扮演重要角色。日本、印尼和菲律宾属于群岛国家，泰国、新加坡和马来西亚的半岛部分虽相距很近，但其大部分贸易仍需依赖海运。铁路和道路运输发挥的作用非常有限。空运虽增长迅速并在以价值量为标准的运输统计中占有很大份额，但当以重量衡量时就微乎其微了。作为对上述地理特征的反映，东亚国家历史性地赋予港口发展以优先权，并与其出口导向的贸易发展战略相契合。

近年来，中国经济增长迅速，对世界经济产生了强烈的影响，在很大程度上带动了相关国家和地区港口业务的增加。例如安特卫普港 50% 的业务增长是由中国内地市场带动的，汉堡港近三分之一的集装箱来自或运往中国。面对中国港口迅速崛起带来的挑战，同样位于东亚的日韩等国正全力应对。韩国积极展开港口公关活动，请船公司将韩国港口确定为转口基地。由于能够享受政府补贴，釜山港平均场地租赁费仅每平米每年 0.45 美元，只有上海港的约十五分之一。2011 年 5 月 31 日，日本宣布已选择 10 个港口作为"国际战略港口"，这些港口在集中扩建完善后将成为散货集散地。该计划将反映到 2012 年度财政预算中，日本政府将通过上调超大型船舶可挂靠码头建设中的国家负担比例等方式提供支持。

东南亚也属于世界港口富集区，众多的港口作为东盟地区经济通道的重要节点、产业基地和物流中心，对亚太经贸发展起着重要支撑作用。但在东盟十国中，经济发展不平衡的状况十分突出。因此，港口资源作为国家经济重要支柱的基础优势未能得到充分发挥。除了新加坡等少数港口外，目前大部分仍然属于中小型港口。数量众多的东南亚港口之间存在着多层面的竞争，降低物流成本、促进贸易发展成为各港口的共同要求。

另外，各东亚港口在规范程度、收费透明度方面存在显著的个体差异。比如由于经常出现港口拥挤，在国际海运租船合同中往往带有一项惯例性的额外条款，即规定船舶凡是挂靠中国内地、菲律宾、泰国等地，船舶所有人或承租人将付给船长一笔不需核销的"港口招待费"，专门用于疏通有关人员，以尽量缩短船舶滞港时间，而船舶前往日本、新加坡、中国香港等地则无需此项费用。东亚的港口物流服务进步并未完全跟上贸易增长的步伐，世界其他地区的发展中国家正在快速追赶，东亚港口需要取得更大的进展才能保持竞争优势。

东亚发展中国家在 21 世纪的前十年快速扩张了其港口规模，更好地满足了国际经济贸易的要求，但面对巨大的进出口需求，港口拥堵依旧。在 2008～2009 年的危机后，该地区港口能力的短缺仍然成为贸易壁垒。港口拥挤越严重，贸易商所浪费的时间就越多。船期延误给船舶所有人造成损失，无形中提高了船舶的访港成本。持续旺盛的外贸运输需求和供给能力的紧张使得东亚各国进一步加大港口投资力度成为必然选择。日本国土交通省通过对中国、日本、韩国三国的研究发现，一国的港口投资不仅可以帮助本国降低运输成本，还可以降低其他国家的运输成本，从而产生共同的贸易促进效果。东亚港口建设资金来源包括发行债券、私人融资、政府预算以及国际金融机构贷款等。目前，该地区港口运营商的财务状况大都较为出色，这可以从其宏大的扩张蓝图及较高的预期收益率得到印证。在基本没有政府补贴的条件下收回全部成本已较普遍，来自港口收费的收益增加可以弥补甚至超出投资成本。

2.2 东亚港口国际物流系统发展态势

2.2.1 东亚区域经济合作与国际物流环境

1. 区域经济合作的深化与国际物流的特殊性

20 世纪 90 年代以来，以国际互联网技术为代表的信息革命，为全球市场的扩展提供了可靠的应用手段，使得全球化制造和全球化供应的能力大大提高。企业在国际市场间相互渗透，扩大生产的地域范围。当前，处于不同的发展阶段和不同地区，要素的供给状况和要素的价格水平差异仍然很大。要素成本的地区差异是跨国资本扩展的动力，企业在全球范围寻找最佳的要素组合，从而获得比较优势。而供应链管理的高效率使企业在扩大了生产和销售区域的同时，仍然具备竞争优势。

国际物流作为将货物在国际间进行物理性移动的国际商务活动，是集各种一般物流功能于一体的开放系统。它既包含运输、储存、配送等一般物流系统的功能要素，还涉及与货物跨境移动相关的一些特殊的问题，诸如商检、海关手续和国际支付等，这些都使得国际物流系统的复杂性大大提高。要使国际物流系统良好运作，使其价值得到充分发掘和利用，就必须按照一般物流系统规程，结合国际贸易和国际生产的特殊性，科学构造国际物流系统，实现国际物流合理化。国际物流的总目标是为国际贸易和跨国经营服务。作为企业价值链的基本环节，国际物流不仅使国际商务活动得以顺利实现，而且为国际企业带来价值增值。

区域经济合作的深化是推动国际物流发展的重要原因。经济体内部解除管制、经济体之间建立的贸易协议和贸易区为国际物流提供了广阔空间，贸易壁垒的消除加快了国际物流的发展，释放了国际物流的市场空间，为国际物流的畅通提供了有利条件。自由贸易区通过贸易创造和对国际直接投资的促进而生成大量物流需求。

2. 东亚经济发展和区域合作及其对国际物流环境的影响

基于地缘关系的区域经济合作已成为世界经济一体化的主要趋势，但长期以来，对世界经济具有重要意义的东亚区域经济一体化却没有取得大的进展，仍缺乏制度性联系和约束。实际上，东亚地区开展区域性国际经济合作面临着一定的结构性障碍，即经济体制的东西不对称结构、经济发展水平的南北不对称结构和相互关系上错综复杂的矛盾。东亚地区的日本、韩国等在经济体制上实行市场经济模式，而中国、俄罗斯则处在始于计划经济的转轨时期。

20 世纪末以来，东亚主要国家的经济发展成为世界经济发展链条中的亮点。地缘邻近和经济发展使东亚地区的国际经济合作正在不断克服障碍，进入新的阶段。这突出表现为区域贸易高速增长，使该地区的生产要素和各种资源得到进一步有效的开发利用。逐步完善的立体交通网络体系，为区域内优势互补、资源合理配置提供了广阔的空间。从区域内贸易比重这一指针来看，东亚经济合作日趋密切，并已接近其他主要经济区的水平。

区域经济一体化是区域内经济体之间的广泛经济交流，必然伴随着较大量的物流产生。国际物流是国际货物贸易得以完成的实际依托，而区域经济贸易合作的深化也使国际物流的发展环境得到优化。目前，中国、日本、韩国三国作为东亚地区的三大贸易与物流区域，在全球物流体系中的地位正在提高（见表2-1），中国则在其中发挥了较为关键的作用。

表2-1　中国、日本、韩国三国集装箱运量占世界总量的份额变化

项　　目	1991 年	2001 年	2011 年
（A）中日韩（百万 TEU）	19.1	51.9	137
（B）世界总量（百万 TEU）	93.6	236.7	430
（A/B）所占份额（%）	20.4	21.9	31.9

3. 东亚国际物流市场容量扩张：中国因素

中国加入世界贸易组织给东亚国家带来了积极影响。中国的潜在市场规模将为日本和韩国企业带来巨大商机，日韩的企业和产品将会更容易地进入中国市场。中国经济与对外贸易的高速增长，以及跨国公司在华活动的日趋活跃，使得中国对国际物流的需求持续增加。班轮航线正向中国迅速集中，并且对中国主要港口更多地采用了直接挂靠方式。目前中国、日本、韩国三国已经初步形成带有一定垂直分工性质的国际分工格局，在物流合作的开展方面存在广阔的空间和巨大的潜力。主要得益于中国因素，东亚地区的国际物流市场急速扩容。

2.2.2　东亚产业结构演进与国际物流格局

产业结构的演进深刻影响着物流品类和物流方向，使国际物流格局不断变化。从世界范围来看，国际物流格局从最初的原宗主国与原殖民地间大宗原材料及工业品往来，发展到石油、铁矿石等初级产品由中东、加勒比海、巴西、澳大利亚等国家和地区向美国、欧州、日本等发达国家和地区流动，发达国家向发展中国家出口大批制成品。两次石油危机改变了这种物流格局，发展中国家向发达国家出口原材料、轻工业品和一部分重化产品，发达国家的出口品种则集中于技术密集型耐用消费品。跨国公司作为国际贸易和物流的主体出现后，集装箱物流也迅速发展起来，发达国家内部以集装箱形式相互出口高附加值产品，新兴工业化国家和地区开始向发

达国家出口大量制成品。适箱货物的大规模进出口刺激了集装箱运输形式的崛起，形成了中国香港、新加坡、鹿特丹等集装箱枢纽港。各国产业结构的优化升级和产业内贸易比重上升，使国际物流格局发生了显著变化。

就东亚的资源赋存来讲，区域内资源丰富，各国、各地区存在很大的互补性。各国经济水平和产业结构的客观层次性，决定其不同的演进方向。日本的重化工业和技术密集型产业均高度发达，传统产业不断转移，产业空洞需要弥补。韩国作为新兴工业化国家，以熟练劳动密集型产业和资本密集型产业为主，正进入技术密集型产业发展的新阶段。中、俄、朝的产业结构在本地区处于低层次，均以劳动密集型产业和传统资本密集型重工业为主。

目前，国际物流大体可分为集装箱物流和大宗物流。东亚地区产业结构状态及其演进决定了该地区国际物流格局和发展趋势。东亚主要国家进口的石油、铁矿石基本来自区域外，中国对本地区出口的煤炭仍未占据当地市场的主导地位。因此，东亚地区的国际物流形式主要是集装箱物流，特别是在中国、日本、韩国三国。这三个东亚地区的主要经济体，虽然技术基础存在明显差距，但进出口商品结构中均主要以工业制成品为主。这就为集装箱物流的开展提供了坚实的货源依托。

2.2.3　港口与国际物流的互动发展：机理和特征

港口在国际物流体系中占有重要地位，并已成为该体系保持竞争力的基础。在物流体系的所有动态功能中，运输功能是核心之一。外贸运输的90%以上是通过海运方式完成的，而港口则具有特殊的区位性质。其连接着大陆和海洋、河流，是远洋运输的起点和终点，同时各种陆路运输方式从这里向外辐射，也在这里汇集终结。港口总是承担着货物运输的最大份额，是整个物流链中最大物流量的流经点，世界上70%的运输量都要经过港口。港口的核心业务是安排货物在各种运输方式或同种运输方式之间的有效转换。港口以其规模化的集散能力占有不可替代的优势，最有可能成为国际物流系统的枢纽和增值服务中心。港口是重要的信息中心，汇集了大量的货源信息、技术信息和服务信息；港口同时又是国际贸易的重要服务基地和货物分拨配送中心。港口所在地通常都是经济、贸易、金融和信息较为发达的城市，为国际物流的大量生成和发展提供了有利支撑。以国际深水大港为中心的海陆联运网络，正随着经济全球化的浪潮而逐步完善。国际物流对港口货物处理中心的依赖也越来越大，需要能提供全球综合性物流服务的平台。因此，港口正以其巨量的运输能力和在物流网络中的组织作用，成为国际物流系统发展的主导和重点。

港口和物流的发展是相辅相成、相互促进的关系。物流系统包括流动要素、资源要素和网络要素，而这三项要素均与港口密切相关。物流的开展离不开港口的服务，物流的兴起又为港口的进一步发展创造了新的机遇，提出新的要求。比如要求有更多的深水泊位来适应船舶大型化，有更多的场地来处理货物等。物流的运输环节是多种运输手段的整合，这就要求港口有与其他运输方式衔接的良好设施，以满足直接转运的要求。

现代物流赋予港口以新的含义。随着区域内物流的发展，以及基础设施体系的完善，港口的效率也会逐步提高。由于生产、流通成本的下降以及信息服务的加强，港口服务和影响的地域范围将显著扩大。面临以物流发展为主要内容的新的机会和环境，港口业必然转变传统的增长模式，积极融入物流系统网络，并在其中发挥重要作用。物流是货物流动、信息流动和资金流动的结合体，而港口主要是货物流动的载体和结点，物流的发展可以促进港口功能的扩充。正是由于综合物流活动的促进作用，世界港口正大范围地从第一代、第二代，向第三代、第四代转变，很多港口正从具备简单的装卸和仓储功能，向高度现代化和信息化的方向发展。物流服务的质量成为决定现代港口竞争力的主导因素，拓展物流服务成为国际港口发展的共同趋势。

港口以其突出的集疏运能力和在物流网络中的组织作用，成为现代物流业的发展重点和供应链的整合载体，并可以成为国际物流中心建设的突破口和产业核心。以港口为核心构建国际物流系统有利于通过货物的集聚效应扩大港口吞吐量，有利于资金流、物流和信息流向港口城市聚集。港口作为供应链中的重要链节，日益成为供应链的整合载体。在国际物流系统的形成与运作中，应构筑以港口物流组织为核心驱动源，与其腹地产业经济组织相耦合的综合集群带。从市场需求出发，建立由供应商、港口物流集成商、制造商、批发和零售商共同组成的供应链系统，重新构架国内外产业链、价值链和市场链。港口物流集成组织处于供应链的核心区位，发挥着关键的组织职能，承担物流集成供应商角色，具有广阔的市场覆盖面。

2.2.4　东亚地区物流中心迁移与港口竞争态势描述

1. 东亚国际物流中心的迁移

国际物流中心是指国际物流活动中主要的商品集散场所。就大范围而言，某些国家、地区或城市可能成为国际物流中心，比如中国香港、新加坡。就小范围而言，港口码头、机场、保税区等都可以成为国际物流中心。本书所说的国际物流中心是指大范围概念。由于港口在整个物流运输链上的关键节点作用，国际物流中心在世界范围内一般位于港口城市。又因为港口城市 90% 以上的国际物流量是通过海洋运输实现的，港口的集装箱吞吐量比较容易统计，所以可以选取港口的集装箱吞吐量作为衡量国际物流中心的定量指针。

国际物流中心通常是伴着制造中心存在，又随着制造中心的转移而变迁。第二次世界大战后的一段时期内，日本是世界的制造中心，随即成为东亚的物流中心。在东亚，从日本运往欧美的货物占压倒性多数。1975 年世界前 20 位集装箱港口中，日本的 3 个港口榜上有名，其中神户第 4 名，横滨居第 11 位，东京第 15 位，而当时，中国内地所有的港口都在前 20 名之外。

随着中国在 20 世纪末的崛起，亚洲的制造中心正向中国转移。由于对外开放的深入，跨国公司加快了制造业向中国的转移。目前，大多数世界 500 强企业已将其经营网络延伸到中国，中国已经成为一些重要工业品的世界最大生产国。随着制造中心向中国的转移，东亚国际物流中心也必然向中国转移，事实已证明这一点。近年来，中国大陆港口的集装箱吞吐量迅猛增长，中国港口城市在东亚国际物流体系中的地位不断提高，中国大陆集装箱吞吐量占亚洲的比重越来越高。

2. 东北亚主要港口的竞争态势

因为港口竞争存在地域性限制，下面仅以东北亚为例进行说明。东北亚港湾泛指中国上海以北（包括台湾）、日本、韩国、朝鲜和俄罗斯远东所围成的海域。主要港口有上海港、青岛港、天津港、大连港、台湾的高雄港和基隆港，日本的神户港、东京港、横滨港以及韩国的釜山港，集中于中日韩地区。这些港口近海相望，连接着中日韩的主要经济城市，担负着本国的主要贸易运输任务。东北亚主要港口已建立了密切的通航协作关系，是目前东北亚地区外贸运输的主信道。

目前，在东北亚港口群内部，各主要港口基本处于各自独立发展的状态。由于地理位置的临近和经济腹地的交叉，竞争程度随各港的规模扩张和力量延伸而有所提高。特别是在集装箱船舶大型化的前提下，班轮运输正向轴辐式（Hub & Spoke）运营模式演进，这样在某一地域范围内将可能只形成一两家枢纽港，而大量其他港口则成为支线港和喂给港。因此，东北亚地区主要港口纷纷扩充基础设施，加大投入，竞相成为集装箱主枢纽港。比如在韩国釜山港，自从其 5 号码头在 1978 年建成后就进入了快速增长期。1985 年在世界集装箱港口中排第十二位，2000 年名列第三位，此后一直位居前列。韩国是目前世界第二造船大国，并拥有一支先进的商船队。釜山港利用其区位优势，制定了《21 世纪釜山海洋投资计划》，以确保釜山港成为 21 世纪的世界级枢纽港。在东亚地区对集装箱枢纽港的激烈竞争中，主要港口先后拟定了宏大的发展规划。在这样的竞争环境中，托运人对物流路径的选择具有多重解，中国港口要想脱颖而出，必须实施旨在提升国际竞争力的各项港口战略。

2.3　日本港口的放松规制与民营化

日本是传统的港口大国、物流大国和经贸大国，从港口开发到国际物流再到经济起飞，这正是日本经济的现代史。不过，近些年日本的港口正经历着一些困难和滑坡，也相应地在进行着改革和调整。本节用来研究日本港口改革，一方面是印证上一章指出的市场化和民营化的全球导向，另一方面也是点明东亚港口发展的重要趋势。

2.3.1　日本港口的政策溯源

海港建设极大地促进了日本经济发展，港口是日本贸易立国的保证、重化工业的支柱。1951 年日本就制定了《港湾法》，加强了政府在总体规划中的权利，规定由中央政府制定全国港口发展的五年计划，决定整个国家港口发展的数量、规模和政策，港口管理机构在五年计划的范围内制订港口发展的年度预算和长远规划。日本的五年港口建设计划包括三个目的，即构建具有国际竞争力的物流网络、提供高质量的港口服务和促进区域经济活动。港口规划的制定和实施，对日本港口经济发展起到了积极的指导和促进作用。第一，规划向各地方展示出国家未来港口发展的蓝图，指导各都道府县及港口城市制订各具特色的港口发展计划。第二，规划确定的港口发展重点，向各地方提供了"政策预报"，便于其主动调整投资方向。第三，规划提供了政府对国内外政治经济形势分析，引领各地方适应国际化环境并与国际接轨。

日本政府高度重视港口发展，把港口项目提高到国家和地区的发展战略高度加以规划和实施。无论是日本中央政府还是地方政府，都在港口的经营管理以及投融资中起到了重要作用。国土交通省负责许可日本港口新泊位的建设，并根据港口级别分类提供疏浚建设补贴和低息贷款，因而政府可以控制公共港口的融资。将港口分类作为制定实施相关政策的基础是日本港口发展的重要特征。虽然国土交通省会给与具有战略优势的港口优先权，但也会在同一类别港口间平衡投资规模。比如，神户港作为天然良港而具有成本优势，名古屋港却因为位于河流入海口而需要经常疏浚。在这种情况下，中央政府的补贴计划就被用来平衡同一类别港口间的成本差异。

面对着国外港口的激烈竞争，日本国土交通省陷入政策两难困境，即缺乏法律支持的新型港口政策和基于港湾法的传统港口政策之间的权衡。一方面，国土交通省可以给与拥有战略优势的港口优先权，并协调地方政府间的港口投资，后者有权制定港口规划并谋求公共资助。另一方面，国土交通省依据地方政府上报的港口规划和整合形成的五年计划，对港口投资数量进行平衡。因此，国土交通省一直争取避免重复投资和建设新的集装箱港口，以应对服务需求的迅速变化。但是只要《港湾法》赋予地方政府的权力不变，国土交通省就无法选择出具有竞争优势的特定集装箱港口并进行密集投资。在分税制体系下，地方政府会有通过公共工程来增加支出的激励。港口建设是典型的公共工程，而且地方政府可以控制港口规划、建设和维护。因此，每个地方政府都尽量将本地的港口规划列入国家的五年港口建设计划，并获得相应预算。在传统的港口制度框架下，日本中央政府可以基于货量增长而有计划地发展港口网络，但却难以因应需求变化和技术革新而有效控制港口建设节奏。

2.3.2 日本港口管理政策的制度变迁

1. 民营化试验案例：北九州港

在日本港口的民营化导向中，北九州港成为先行者。北九州港位于九州岛的北端，是日本重要的集装箱港口。北九州港于1997年启动了一项属绿地投资性质的大型深水集装箱码头建设计划，以建设环黄海地区的物流节点，适应集装箱船舶大型化的需要。北九州港的民营化方案是日本港口基础设施向私人投资开放的早期重要行动之一。该市自行制定了公开投标系统，1997年7月举行了一期工程的竞标，7家候选者提交了包括商业计划、装备、码头运营管理经验等在内的文件资料。经过多阶段的审查，最后由新加坡港务集团和另外16家日本私人企业组成的联合体胜出，特许经营期为30年。在码头运营公司中，新加坡港务集团（PSA）将持有60%的股份，另外的日本公司持有30%，而北九州市港口与港湾局还将拥有10%的股份。北九州港太刀浦集装箱码头是日本首个获准政府解禁，允许新加坡港务集团入股参与建设的。在北九州太刀浦集装箱码头的全部1000亿日元投资中，日本中央政府投资520亿日元，地方政府投资330亿日元，民间投资150亿日元。虽然新加坡港务集团以及来自菲律宾的ICTSI公司已经在有限程度内参与了日本港口的运营，但是日本港口民营化与放松规制还没能跟上全球趋势。

2. 放松规制与民营化的政策背景与竞争压力

日本政府对港口发展的控制曾被认为引致了更有效的港口规划和资源配置、更少的浪费型竞争及避免港口设施的重复投资。作为港口公共设施的提供者，地方港口当局依照《港湾法》中的港口层级分类来控制港口内部的投资平衡，从而制约了私人投资。日本主要集装箱港口的深水基础设施长期由地方自治实体全资资助的公共码头公司负责建造、维护和管理。对于地方政府背景的人员来讲，自然习惯于运用行政方法来解决商业问题，而不是诉诸竞争性市场。当地居民在法律意义上拥有港口的公共管理权，所以私人部门的独占性使用一直不被允许。由于地方政府不能通过合同来出租港口资产，关于长期独占使用的法律问题必须解决，以充分利用私人投资。相关法律于2001年秋季被修订，从而扫清了法律障碍，为包括外资在内的私人投资铺平了道路。但公共港口制度的另一问题是严格的价格规制，运营商必须按照地方政府设定的费率执行，而且不能给大用户提供折扣，从而限制了费率竞争的自由。另外，相对灵活的港口发展公司制度只是面向东京、横滨、大阪、神户和名古屋五大港口，并不能成为其他港口的选择。因此，原来的日本港口私人投资促进方案并不能有效激励更加商业化的港口服务。

近年来，在其他东亚港口集装箱处理量激增的背景下，曾经为经济起飞发挥基础作用的日本港口的世界排名却持续下滑。主要集装箱班轮公司逐渐削减其航线在日本的直接挂靠港，日本港口业边缘化的趋势在增强，这与日本港口成本高、力量分散以及缺乏弹性的工作方法有直接关系。过去十年，全球远洋承运人逐渐削减其班轮航线在日本的直接挂靠港。考虑到相对缓慢的货量增长，日本港口集装箱吞吐量的滑落是不可避免的。但如果竞争力也趋于下降，则肯定会引起日本托运人的严重关切。2007 年，日本最大的集装箱港口——东京港处理了 372 万标箱，比 2006 年只增长了 0.6%。据日本托运人公会发布的数据，2007 年在从亚洲发往欧洲的箱量中，日本的市场份额仅为 7%，这与中国 67.7% 的份额形成鲜明对比。鉴于日本港口高昂的配送成本，面向韩国的日本海沿岸的集装箱生成量越来越多的选择到韩国中转。效率更高的中韩港口正在使日本作为海运中心的地位黯然失色。日本港口沦为地区枢纽的喂给港、日本进出口货物需经邻国港口转船，这对日本将意味着更高的物流成本和更大的时间延迟。据有关统计，目前在亚洲与欧洲之间营运的 70 条服务环线中，只有 8 条在日本有挂靠港。以 1997～2007 年之间港口集箱处理量计算，全球平均增长 3 倍，亚洲增长 3.4 倍，而日本只增长 1.8 倍。由于集装箱船舶大型化、亚洲航运线路的多样化、神户大地震等因素，近来增长缓慢的日本集装箱港口正在进行大规模改革重组。港航市场竞争的加剧要求日本主要集装箱港口降低收费，日本中央政府和地方港口当局正在采取措施以压缩成本并提供类似竞争对手的全球标准港口服务。

3. 综合性改革计划及进展

日本的集装箱港口新政实际上包含两个阶段，在引入超级核心港口计划之后，还会将公共码头公司转型为股份制上市公司。第一阶段政策目标的实现将有助于随后民营化措施的跟进。2006 年，日本政府提交了意图将五大集装箱港口的公共码头公司转变成股份制公司并对码头租金放松规制的法案。该法案被称为港口码头公共公司民营化法案，并在国会获得通过，于 2006 年 10 月 1 日生效。旨在推动港口民营化的财税政策包括由中央及地方政府提供的无息贷款、日本发展银行为私人部门提供的低息贷款、财政部给与的税负减免等。在政策变迁中，东京湾地区相对满足必需的条件，因为东京港能够吸引横滨港的所有功能并已成为日本港口的代表。下一时期的目标主要就是在市场中销售股份并根据全球视角选择适宜的管理形式，以期让日本港口尽快赶上民营化的国际步伐。旨在提高效率的日本港口民营化计划从最大的东京港开始，在 2008 年推进了占东京港外贸集装箱处理量七成以上的公共码头公司的民营化。

民营化可以使码头运营商从政府严格规制中解脱出来，使管理系统更加自由地运行。原公共码头公司将其全部产权转移至新公司，然后解散。东京港在中央政府、地方港湾局及民间企业之间实行政企分开，各司其职。国土交通省在港口管理上主要制定基本政策准则，实施宏观调控，对港口建设进行公共投资等。经营者对政府投资的码头及设备实行有偿使用，对流动设备自筹资金购置或租赁。从实际出发配置设备，既减少了公共投资，又盘活了存量资产。东京市政府相信港口民营化会使管理更加有效率，从而直接增强区域经济的全球竞争力。与此同时，阪神港也在研究酝酿类似的港口民营化行动。

2.3.3 结论与启示

有关港口规划、管理、运营的制度改革一直备受关注，如何提高港湾运营效率的议题是经济研究的热点。以前在日本，所有港口均由政府管理，这意味着港口当局基本上只是城市内部的一个部门，他们必须更加独立并且要成为更多的以商业为导向的组织，特别是在管理集装箱码头方面。决策者对公共利益的传统理解曾限制私人部门在集装箱码头的投资，只有中央政府和地方政府调整公共部门在港口发展中的角色、改变固有的所有权理念，才能促进港口产业的私人投资。近年来，日本根据自身的历史、港口条件和地区经济的差异实施了码头企业私有化以及组合港的整合政策。日本已经将民间资本和利用外资作为港口建设融资的主要途径，将港口资源多方位推向市场。2007 年 12 月国土交通省又着手制定《港湾相关事业中期计划》（2008～2017 年），共计 4 个课题，即增强国际竞争力、推进区域经济发展、确保国民安全和形成循环型社会。当然日本在放松规制与民营化导向下的集装箱港口改革进程中，还面临着诸如整体制度设计和各港口运营方针间的偏差、港口团体组织间的制约等实际困难。

　　目前，国内民营资本在港口产业尚未得到足够的发展，私人部门参与的深度和范围仍比较有限。在迅速变化的运输市场环境下，传统的所有权模式成为中国集装箱港口提高效率、增强国际竞争力的明显障碍。而集装箱港口通过能力的增加、建设等级和技术含量的提高，都需要更多的资金投入。在原有融资渠道资金增幅有限的情况下，让私人力量快速进入集装箱港口部门应成为改善绩效、增加灵活性及获取竞争优势的主要途径。放松政府规制以及民间资本的参与可以为港口服务机制注入新的活力，并在缓解资金约束的同时显著提高企业效率。港口改革的国际经验表明，要提高中国港口服务的有效性和竞争力，必须进行制度创新，引入不同的投资主体和经营形式，培育有效的竞争机制。

2.4　东亚港口物流系统中的中国港口

　　港口是连接中国物流与世界物流的窗口，中国外贸的发展越来越依赖于本国物流体系与全球物流网络有效连接的能力。国际化程度的日益提高和对外贸易的不断增长，正促使中国港口物流实现大发展。

2.4.1　中国港口物流的进展与挑战

　　中国增加港口投资以配合外贸进出口所做出的回应是非常迅速的，新的贸易需求和供应链的运转推进了物流程序的改进。全球化框架下的中国经济开放引发了制造业向中国的大规模迁移，并因此对全球货运产生了极大影响。对大进大出的中国经济而言，整个国际物流走廊的顺畅和高效尤为重要，全球制造业向中国的转移正极大地推动港口投资。Jon Monroe 咨询公司的报告中提出，中国贸易持续发展的最大压力来自港口架构。特别是中国中西部地区已经发展成一个巨大的、多样化的产品制造基地，跨国公司的物流经理们正在规划以港口选择为核心的货物进出中国的最佳线路。

由于港口实行了属地化管理，中国出现了明显的基于港口资源推动城市竞争的情形，港口建设被视为地方发展出口加工业和吸引投资的重要手段。国民经济高速增长以及粗放型的发展方式尚未转变使得港口货运需求保持高位，中国沿海各大港口近年来都经历了迅速膨胀，以至一度担心的重复建设、盲目投资成为非主流论调。但当从整个供应链的视角进行考量，港口只是物流与贸易增长之间联系的一个方面，在各类贸易商品的流动过程中，相衔接的运输环节也应高度关注。在中国，港口集疏运成本的高昂使得与出口相关的产业活动过于集中在沿海港口城市及周边，从而限制了贸易增长的收益扩散，也造成了港口城市的交通拥挤和环境污染等社会问题。中国港口发展更多集中在硬件设施改善上，忽视了物流的系统性。港口集疏运环境中存在公路网主架构尚未形成，内河航道治理不充分，铁路货物运输能力严重不足，集装箱海铁联运比例低等问题。

中国港口部门在急速扩张过程中遇到的另一困难是东西方港口通过能力的差距，港口设施的区域不平衡成为突出问题。欧美部分港口投资乏力且行动缓慢，仍然没能解决港口拥挤问题。由于港口能力约束，从中国运抵美国西海岸港口的商品很可能要延迟一段时间才能交付用户。但在美国西部的洛杉矶或长滩扩建港口并非易事，对环境因素的关注阻碍了提升港口吞吐量的多个项目，而且集装箱堆场用地也十分紧张。港口物流瓶颈可能使运往美国的货物放慢速度，从而缩小美国对中国的贸易逆差，贸易伙伴的港口物流短板构成一种"隐性贸易保护"。

目前世界经济正在温和复苏，中国港口大规模建设投资所产生的新增吞吐能力正不断释放，从而对原有港口物流业务形成分流。如果各地港口发展继续相对封闭，缺乏有效合作与沟通，还是可能造成能力过剩和投资浪费。因此，中国港口物流投资应当保持理性，控制节奏，更多地从整合资源等方面引导港口部门转型升级。通过统筹港口自身与集疏运方式的建设、协调本国港口物流能力与贸易伙伴的匹配，让港口部门在国际贸易便利化中发挥更大作用。

2.4.2 中国港口战略Ⅰ：放松规制与民营化

港口作为重要的基础设施，长期以来一直以公共部门提供为主，并且实施严格的政府规制。但随着基础设施自由化和私有化浪潮的到来，以及港口自身技术经济特征的变化，港口业的产权结构逐步变为公共部门和私人部门相结合。在过去的三十多年中，许多国家在港口业引入了以放松规制和民营化为主的制度变革，以增进效率和减轻政府负担，并在实践中取得了良好的经济绩效。制度再造的最终目标就是要赋予港口更大的自主权，使它具有管理和财务上的灵活性，以满足现在和未来港口使用者的需要。

在长期的计划经济体制下，中国港口主要实行由国家直接投资、统一管理的行政性规制体制，产权关系更表现为一种行政隶属关系。政府既是港口资产的所有者、规制政策的制定者和监督执行者，又是具体业务的实际经营者，因此港口兼具行政垄断和自然垄断的特征。转轨经济条件下，由国家垄断基础设施部门服务供给的局面被打破，港口也已实现政企分开。但目前，政府对港口建设和经营的干预仍然过多，对港口投资和费率还有很多限制，私人资本的参与尚处于较小的范围。实际上，港口放松规制和民营化的潜在收益将是巨大的。首先，无论是引入私人部门参与港口基础设施的建设维护，还是拍卖特许经营权，都可以增加国家财政收益。这会缓解港口资金的压力，同时还可将投资和经营风险部分转移到私人部门。其次，可以提高港口经营效率和服务质量。由于竞争压力、激励机制的缺乏、政府规定的多重社会目标和预算软约束等问题，国有企业在港口经营中普遍表现出经营效率低和服务质量差。私人力量参与港口经营可以使企业受到市场竞争力量的约束，促使企业降低成本并且提高服务质量。所以，为了提高中国港口的国际竞争力，在与东亚其他国家港口的竞争中占据优势，就必须加快港口产业规制改革，降低民营资本的进入壁垒。凡是适宜市场机制发挥作用的领域，原则上均可以向民营资本开放。

2.4.3 中国港口战略Ⅱ：港口联盟与合作

在港口的中长期发展中，深水泊位等基础设施建设的确异常重要，近年在美国西海岸和欧洲的部分港口都曾发生过港口拥挤。但港群内各港在缺乏沟通与合作的情况下进行单独扩展和纯粹竞争，却容易诱发严重的能力过剩，损害港口物流系统的整体效率。必须指出的是，东亚主要港口全力新建或扩建集装箱深水泊位，其筹码主要都押在中国大陆迅猛增长的集装箱运输市场上。日、韩等境外港口希望吸引来自大陆中转货源的意图，将使港际竞争在大陆集装箱港口的运营效率及航班密度达到境外先进港口水平后变得非常激烈。港口竞争可以带来港口效率的提高，但如果港口之间一直处于无序或恶性的竞争之中，也可能使港口企业无法正常经营。为避免恶性竞争的出现，港口间某种程度的合作就显得非常重要，而中国大陆港口在这方面可以起到协调和先导作用。

港口合作的理论基础是同一区域港口群体存在毗邻效应。毗邻效应是指邻近港口之间具有相互影响和相互制约的关系。各港由于发展条件不同，在市场竞争中为了营造和发挥自己的相对优势，会朝合理分工的方向发展，并在竞争中趋于合作。港口的合作能给合作方带来许多明显的效益。比如提高港口投资收益率；降低营运成本；协调港口使用平衡，稳定港口运营；加速技术开发和推进知识共享等，而且，东亚港口相互邻近，交通便捷，具有开展物流合作的地缘优势。其中，仁川港和釜山港距中国渤海沿岸港口的距离大都在 500 海里之内，日本北九州港距釜山港 123 海里，距仁川港 506 海里，距大连港 638 海里。

目前，东亚地区的港口仍处于分散投资、封闭管理、低协作的状态，在一定程度上制约了相互间的经贸发展。中日韩既是世界重要经济体，相互间又是主要的贸易伙伴，且基本上依赖海路进行外贸运输。因此中国、日本、韩国港口建立战略联盟，可以提高整体物流效率，促进东亚地区的经贸发展。考虑到东北亚区域内贸易的迅速增长及海上运输结构的变化，使得贸易发展不仅仅依靠一定数量的枢纽港，更需要建立在港口合作基础上的区域港口逻辑网络。发挥区域内港口物流联盟的作用可逐步实现东亚整个海洋运输市场的一体化。

2.4.4 中国在东亚港口物流系统的中坚力量：环渤海港口群

中国港口经过多年的发展，软硬件都具备了相当的基础，现在拥有的深水泊位数量已经超过了 800 个。沿海大中型港口纷纷开展相关物流活动并获得了成功经验。一些中心城市在编制城市物流规划时往往把港口作为重要平台来设立物流园区或物流中心。比如，上海规划建设 4 个专业化的物流中心，分别是外高桥自由贸易区物流中心、浦东国际空港物流中心、松江出口加工区物流中心和芦湾港城物流中心。其中位于外高桥和芦湾的物流中心都是以港口为依托，利用区位和产业优势来发展物流业务。国际产业梯度转移和外向型经济的规模扩张已成为中国港口物流发展的主要驱动力。因此，中国港口物流的发展正处于重要的机遇期。为提高中国在东亚国际物流系统中的地位，港口战略应包括放松规制与民营化、港口联盟与合作等。当然在战略的实施中还需要政府部门和港口企业的共同努力，并且环渤海地区港口将对促进中国港口在东亚地区的发展发挥关键作用。

环渤海地区是中国大陆最具有活力的新兴经济区域之一，区域经济发展十分迅速，拥有发展现代物流业的雄厚基础。从国际范围看，环渤海地区处在东亚经济区的中心地带，是中国北方地区进入太平洋走向世界的重要通道，区位优势突出。从国内范围看，环渤海地区处在中国华北、东北和华东三大区的接合部，是中国城市群、港口群和产业群最为密集的区域之一，是中国经济自东向西扩散、由南向北推移的纽带。中国环渤海港口群将对提升中国在东亚国际物流系统中的地位发挥核心作用。天津、青岛、大连三港作为中国环渤海地区的主要集装箱港口，其能力的进一步扩大将留住运往日本、韩国的中转货物，使日本、韩国港口的货物中转规划无法实现，从而对日本、韩国港口构成威胁，有利于提高中国在东亚国际物流系统中的战略地位。

中国环渤海三港在发展中，第一，必须注意加强功能建设，使港口成为国际海陆间物流通道的重要枢纽、商务中心和信息中心，构筑港口物流平台。第二，由于传统的港口腹地正在进行重新分化组合，所以港口必须建立与腹地货源的广泛联系，特别是参与中国中西部地区物流体系建设，实现港口经营腹地空间网络化。第三，这三个港口应以不同形式与其他运输方式进行合作，以建立与现代社会经济相适应的多式联运物流体系，确立港口物流全程服务中心的地位。同时，港口产业具有的较强资产专用性、巨额沉淀成本等经济特性也要求上述三港之间应加强分工合作，避免过于分散力量。第四，环渤海地区是桥头堡，发挥桥头堡的功能并积极发展陆桥经济是环渤海港口群在东亚国际物流体系中的特色经营指向。上述三港都应该充分利用自己的地理位置和自然条件优势，完善物流系统，将自己建设成北亚欧大陆桥或新亚欧大陆桥的桥头堡。

第3章　环渤海地区港口物流竞争力分析

当前，世界贸易的 90% 以上都是通过海运方式实现的，港口作为连接水陆空交通运输的集结点和枢纽，在其中发挥着巨大的作用。港口的装卸、搬运、储存和加工的功能也显得尤为突出。港口为了吸引更多的物流市场份额，正不断改善港口基础设施、提高服务水平、拓展物流项目、加强管理等，使其在与其他港口竞争中处于有利地位。环渤海地区港口众多，腹地重叠，竞争程度较为激烈。竞争力来自竞争，这就为我国环渤海地区主要港口提升竞争力创造了条件。

3.1　港口物流竞争与竞争力

3.1.1　港口物流竞争的内容

1. 经济腹地的竞争

我国港口众多，腹地重叠，而港口吞吐量的大小一方面取决于港口辐射区域的货源生成情况，另一方面则取决于港口辐射区域发货人选择发货港口的倾向。因此，港口对货源的竞争核心就表现为对港口经济腹地的争夺。从我国三大港口群的分布来看，环渤海湾的港口主要辐射的经济腹地包括东北三省和华北、西北地区；长三角的港口主要辐射经济腹地包括江浙地区和长江流域广阔的腹地；珠江三角洲港口的经济腹地则较小，主要辐射两广和海南等周边省份，以及中南、西南地区。

2. 吸引国际物流商的竞争

跨国公司因为国际物流规模大而成为诸多港口竞争的对象。这些巨型企业构成世界各大港口最重要的客户群体。吸引他们并为其提供优质便利的服务，对于港口的长期发展具有深远的意义。目前，沃尔玛、家乐福均在广东和上海建立了全球采购中心，为两地的经贸发展和港口运输服务业创造了巨大的商机。将这些采购商吸引到自己港口的周围，已成为各大港口竞争的焦点。珠江三角洲地区属我国的两大制造中心之一，加之轻工业十分发达，以出口导向为主，国际经贸活动十分活跃，在吸引国际采购中心方面占有优势。

3. 班轮航线的竞争

航线和航班是物流的载体，也是港口的主要竞争方向，各港口为了在竞争中处于优势地位必然会在吸引航班、增加航线上下功夫。因为航班、航线和货源总是相辅相成、互相促进的，港口若拥有了稳定的货源，就很容易找到船公司开设航线和班轮。港口若拥有了稳定的班轮和航线，则可能吸引到更多的货源。所以哪个港口拥有密集的航线和众多的班轮，哪个港口就有可能吸引到更多的发货人、货运代理商、国际采购商与配送商。有了这些客户也就拥有了更多的货源，有了更多的货源又可以开辟更多的航线和吸引更多的船公司来开设航班，从而形成一个良性循环，必将为港口的发展提供广阔的前景。

4. 港口基础设施和服务质量竞争

近些年来，我国经济持续快速增长，对外经济蓬勃发展，由此带动的港口物流吞吐量不断提高。为了满足市场增长的需要，各港口在基础设施的改善和港口规模的扩张以及服务质量的提高等方面的竞争仍将持续。在基础设施上的竞争，如港口泊位、堆场、仓库面积、岸边装卸机械、堆场作业机械及水平搬运机械等。港口硬件设施的好坏直接关系到港口作业效率，也就关系到货主的切身利益。所以，基础设施的竞争也是港口竞争中的重中之重，尤其是在深水码头和集装箱码头的建设上的竞争会更加激烈。而在服务质量上也会主要针对快速通关、降低服务价格和配套的港口加工以及拓展物流服务项目展开竞争。

5. 经营管理竞争

港口的经营管理是港口间在相互竞争中能否胜出的重点，加强现代化的港口经营管理已成为各港口提升港口竞争力的重要手段。先进的管理信息系统、电子数据传输系统等都已普遍应用在港口的经营管理上。另一个不容忽视的竞争就是人才的竞争，人作为经营管理的主体，在港口竞争中的地位不言而喻，对杰出的港口物流管理人才的竞争更是日趋白热化。

3.1.2　港口物流竞争力的影响因素

港口为了提供比其他国内外对手更具吸引力的港口物流服务，必须不断提高自己的物流竞争力。一个具有较强竞争力的港口应该满足以下条件：第一，要具备足够规模的吞吐能力。其货物总吞吐量，特别是集装箱货物吞吐量应位居世界港口前列。第二，需要拥有一流的基础设施。拥有足够数量的深水航道和深水泊位，能够适应国际航运业发展趋势，拥有较大规模的专业化物流中心，能够提供高水平、多功能、综合化的物流服务。第三，港口管理模式和管理水平与国际接轨，并且拥有成熟的、系统化的、独具特色的企业文化。第四，口岸环境优越。海关、海事、联检、金融、税务等口岸相关部门协调性强，并且拥有完善的信息网络和高水平的信息服务。第五，港口具备可持续发展能力。其优秀的港口服务能力不仅能在一段时期内表现，还能够保持，且在资源利用、环境保护方面有优秀的表现。

实际上，影响港口物流竞争力的因素主要包括以下方面。

1. 经济因素

腹地经济的基础反映了港口物流竞争力的现状和潜力。但是腹地经济的发展状况并不是港口个体所能左右的，区域经济发展也不是短期内就能有质的改变，所以在短期内想改变腹地经济水平和产业结构是很困难的。经典的城市经济增长理论认为，"决定城市存在和发展的经济力量主要有三种：比较利益、规模经济和聚集效益"。比较利益是建立在区域分工基础上的贸易比较优势所带来的经济利益；规模经济的原则主张大规模地集中生产，以满足大量的需求，同时大幅度地降低物流成本，为城市的形成创造初始条件；聚集效益则是城市形成和发展的直接推动力，它使大量的和多样化的厂商、居民及相关单位在空间上集中，从而推动了城市的形成、发展和扩大。

港口特殊的地理位置使其在扩大城市域外需求，发挥比较利益上，较内陆城市更加具有优势。这种区位优势，存在于生产、交换和消费等社会经济运行全过程。港口城市的这种区域优势可带动整个沿海地区经济的高速发展。港口城市特有的区位优势可大大降低物流成本，使得港口在现代物流和经济发展中具有极其重要的地位。此外由于港口自身的特性、功能以及国家产业政策的影响，可为港口城市形成大量的域外需求并满足这些需求创造条件。

2. 政策因素

政策是影响产业竞争力的最活跃因素。国家可以通过经济、法律、行政的手段，实施产业政策和区域政策，提高区域产业竞争力。区域也可以通过制定企业发展的政策，指导企业的结构优化，增强企业发展的活力和竞争力，为区域产业竞争优势的形成奠定微观基础。如在港口设立保税区，这一政策可以为港口增加货源，提高港口物流的竞争力。

3. 产业结构因素

产业结构的差别是港口间的一大差别，产业结构较低级的港口，在国际竞争和贸易中处于极为不利的地位。因此，如何根据港口的自身的条件和国际产业发展的趋势，适时确定区域主导产业（群），对这些产业进行扶持，是发展港口物流竞争力最为重要的任务之一。

地区主导产业理论的基本要点是：在区域发展过程中，各个产业在区域产业系统中的地位、作用是不同的，其中有一个或几个产业处于主导的支配地位，构成地区的主导产业或主导产业群；地区产业结构的优化应以其所处的发展阶段为基础，以充分发挥地区优势的同时又承担上一级区域分工为准则，构筑以主导产业（或支柱产业）为核心，以关联产业相配套，以基础产业为保障的产业体系。

4. 创新因素

在区位、资源和资本处于劣势的情况下，港口可以通过创新突破以资源、资本的总量或增量为主的竞争模式，来达到对上述劣势的弥补。可以说，没有创新就没有真正意义上的发展。那么港口物流的创新，要依靠港口发展影响因素的创新，由一个创新激发出多个创新，形成创新链条和创新网络。

5. 自然因素

港口的天然条件属于竞争的不可塑因素。在港口物流竞争中，是否拥有停泊超大型船舶的深水泊位，是否拥有足够的海岸线长度，是否拥有良好的作业气候等都成为一个港口能否成为国际枢纽港的重要标志。然而在这方面的竞争是不可塑性的，因为在短期内不可能人为地改变这一竞争状况。大卫·李嘉图的比较利益说是：任何国家（地区）都有其相对有利的生产条件，如果各国（地区）都把劳动用在最有利于本国（地区）的用途上，生产和出口相对有利的产品，进口相对不利的产品，这将使各国资源得到最有效的利用，使贸易双方获得比较利益。那么，港口之间的竞争也可以遵循大卫·李嘉图的比较利益学说，争取发展自身具有优势的方面。

6. 建设因素

港口建设也是影响港口物流竞争的重要因素之一，比如配套设施的安装、港口泊位的建设等。在经济不太发达和产业结构不是很合理的地区，选择适合的港口设施，建设专业性港口码头（煤炭、钢铁、石材、水果等），可作为经济增长点，进而带动整个腹地经济的快速发展。

3.2 环渤海地区协调发展的整体情况

环渤海经济区的建立与发展已酝酿研讨了有二十几年之久。20 世纪 90 年代，我国正式提出了建设环渤海经济区的设想。1992 年，原国家计委正式布置并牵头组织有关省市编制《环渤海地区经济发展规划纲要》，并于同年年底编制形成了《2000 年环渤海地区经济发展规划（初稿）》，这一规划中的环渤海地区主要是指北京、天津、河北、辽宁和山东三省二市。1993 年 6 月，原国家计委在辽宁大连组织召开环渤海五省市计委规划工作座谈会，决定将山西省也纳入环渤海地区规划范围。1994 年 1 月，原国家计委在河北唐山召开由国务院各部委领导和北京、天津、河北、辽宁、山东、山西四省二市政府领导参加的规划工作座谈会，讨论《2000 年环渤海地区经济发展规划纲要（讨论稿)》，会议决定规划期限改为 2010 年，规划范围增加内蒙古自治区中部七个盟市。1996 年 3 月八届全国人大四次会议批准的《"九五"和 2010 年远景目标规划纲要》指出："发挥交通发达、大中城市密集、科技人才集中、煤铁石油等资源丰富的优势，以支柱产业发展、能源基地和运输通道为动力，依托沿海大中城市，形成以辽东半岛、山东半岛、京津冀为主的环渤海综合经济圈。"环渤海地区的范围主要包括北京、天津、河北、山东、辽宁、山西四省二市和内蒙古自治区中部七盟市，全区陆地面积 127.82 万平方千米，占全国的 13.31%。

3.2.1　环渤海地区协调发展的 SWOT 分析

SWOT 分析，即优势（Strengths）、劣势（Weakness）、机会（Opportu-nities）、威胁（Threats）分析的简称。它是常用的内外部环境综合分析技术，即对事物内部的优势、劣势以及外部的机会、威胁进行全面系统的分析以找出事物发展中存在的问题和发展的潜力。用 SWOT 方法分析环渤海地区，有助于更好地探索环渤海地区协调发展的途径。

1. 优势

第一，雄厚的经济基础和科技实力。环渤海地区是我国的大规模重化工业基地和区域制造中心，区内工业门类齐全，大中型骨干企业众多，石油工业、煤炭工业、化学工业、冶金工业、机电工业、建材工业、纺织工业都很发达，工业布局集中，具有较好的规模经济优势。同时新兴的电子信息、生物制药、新材料等高新技术产业也发展迅猛，也是北方外商投资最密集的地区，已基本形成了京津冀产业带、辽东半岛产业带、山东半岛产业带和晋蒙能源产业带。环渤海地区综合科技实力居全国前列，是全国的科技文化中心，拥有的高校数和科技人员数均占全国的四分之一以上，特别是京津两市汇集了大批著名的高等院校和科研院所，是中国教育和科研实力最强的地区，也是全国科技人才最密集的地区。

第二，优越的地理区位和发达的交通网络。环渤海地区位于我国华北、东北、华东三大区域接合部，在地理上是东亚经济圈的重要组成部分，是我国北方地区进入东北亚、走向太平洋的重要门户和对外通道，也是连接内陆和西亚、欧洲的亚欧大陆桥重要起点之一。与"珠三角"、"长三角"相比，环渤海地区是一个圆心在渤海的弧度很大的半圆形地带，带内各点之间直线距离较小，容易形成一个相对统一的经济区域城市网络，地理区位紧凑。在 5800 千米的海岸线上分布着 60 多个大小港口，全区公路、铁路、航空以北京为中心，四通八达，是全国铁路和公路最密集的地区之一，并基本形成现代化航空网络。

第三，丰富的自然资源和旅游资源。矿产资源在全国占有重要地位，铁矿探明储量是全国 50%，石油占 40%，煤炭占 60%，木材占 50%，拥有胜利、华北等大油田，大同、开滦等大煤田，冀东、鞍山等大铁矿。海洋资源丰富，渤海盛产鱼、虾、贝类等水产品，海盐产量占全国的一半以上，海底还蕴藏着丰富的石油、天然气和各种矿产资源。旅游资源既有山东泰山、山西恒山、河北白洋淀等自然景观，也有北京故宫、曲阜孔府、承德避暑山庄等人文景观，还有秦皇岛、青岛、烟台蓬莱等变幻莫测的海洋景观。

第四，密集的城市产业带和较强的经济辐射力。环渤海地区城市密度很高，共有各类城市130多个，其中特大城市2个，大城市15个，中等城市20个，县级城市百余个。京、津两个特大城市在我国占有特殊重要的地位，北京是中国首都，是全国政治、文化、科技和国际交流中心，北方最大的交通、通信枢纽；天津是我国北方经济中心和国际性港口城市。目前形成的京津、沈大、济青三大城市产业带，能有效发挥城市对周围地区的辐射带动作用，并有力推动全区的经济社会发展。

2. 劣势

第一，环渤海地区长期以来各个城市之间一直是各自为政，互相割据，彼此之间在资源、产业、技术、人力、市场等方面缺乏紧密的经济联系纽带和应有的产业分工链条。到目前为止，环渤海经济区还只是一个地图或统计意义上的经济区概念。

第二，环渤海地区的"龙头"城市京、津能够辐射的腹地理论上只限于河北、山西和内蒙古，到不了辽东半岛和山东半岛，倒是大连与辽宁、青岛与山东之间形成了"龙头"与"腹地"的关系。再加上三大重要组成部分都提出了各自的发展计划。山东提出半岛都市圈计划，辽宁要发展五点一线沿海经济带，京津冀都市圈也在稳定推进，这样环渤海经济区在现实中变成了三分天下的格局。

第三，环渤海地区各港口之间合作很少，竞争更多，虽然最近几年各港口间有了新的合作动向，小港口之间的合作多一些，但大港口之间主动积极的战略合作尚未提上日程。由于缺乏沟通合作，目前环渤海区域港口面临资源与港口发展不成比例的问题。

第四，相对于南方发达地区，这一地区人们的思想观念受传统文化的影响较大，市场经济意识淡薄，个人通过参与市场竞争充分实现自身价值的观念不够。轻商导致缺乏草根经济发展的土壤。同时地方政府服务意识不足，行政区域利益主体意识强，部门和地区割据，导致条块分割严重，妨碍市场机制的运行，造成本地区市场经济发展滞后缓慢。再加上国有经济比重高，政府对资源控制力强，生产要素跨地区自由流动阻力较大。这些都导致本地区内部缺乏经济联系。

3. 机遇

第一，从当前世界经济发展趋势看，世界经济全球化、区域经济一体化深入发展，国际经济融合速度不断提高，融合程度逐渐加大，融合范围延伸，新一轮国际产业转移和技术扩散加速。特别是东亚经济一体化的趋势加强，环渤海经济区的近邻日、韩的经济调整为本区的发展带来机遇，本地区和日、韩隔海相望，海上交通便利，与日、韩在资源结构、产业结构、市场容量方面的互补性很强。

第二，中央把加快环渤海地区发展作为重大战略举措，积极推动京、津、冀都市圈和天津滨海新区的发展，我国对外开放和经济增长的热点逐渐北移。

第三，天津滨海新区作为全国综合配套改革试验区，依托京、津、冀，辐射环渤海，面向三北，辐射东北亚，成为继深圳经济特区、上海浦东新区之后我国第三个发展引擎。国家在金融、土地、财政税收、专项补助、保税港区等方面给予其特殊优惠政策，这将使滨海新区获得极有利的发展环境，使其更好地带动环渤海地区的发展。

4. 威胁

第一，珠三角、长三角地区经过二十几年和十几年的高速发展，通过市场竞争和联系形成了区域经济一体化，并以产业集群化带动形成密集的城市群，两个地区区域协作层次较高，产业合作和科技合作、完善的基础设施、统一的市场体系，都成为环渤海地区承接国际产业转移和辐射，吸引外资的潜在竞争威胁。

第二，继成都、重庆成为全国统筹城乡综合配套改革试验区以后，长江中游城市群、长株潭、海峡西岸经济区、北部湾、中原地区和关中城市群都在加强区域经济发展，保持和增强区域竞争力。

3.2.2　推进环渤海地区协调发展的基本指向

通过以上 SWOT 分析可知，环渤海地区经济发展应该是内部优势大于劣势，外部机遇大于威胁，应该采取积极有效的措施，加快环渤海地区的崛起。

第一，加强统筹协调规划。区分主次缓急，统筹协调规划解决环渤海地区整体发展所要面临的问题。通过合理规划引导天津滨海新区持续快速发展，更要通过统筹协调规划明确其在整个环渤海地区中功能定位、发展方向和重点，协调促进发展的政策和措施，促进形成发展合力。

第二，积极完善区域合作机制。环渤海地区应当在充分发挥市长联席会议机制的基础上，有步骤分阶段建立不同形式的协调机制，努力形成多元化、多层次的机制体系，重点要根据合作领域成立专门工作机构负责合作任务的落实工作，推动建立省领导定期会晤机制，促进社会各阶层团体和民众的交流合作。

第三，加强产业合作和科技合作。充分发挥市场作用，支持和引导区域产业转移，鼓励推动优势产业扩张，促进区域产业发展条件和产业布局优化，同时鼓励产业跨地区跨行业发展重组，积极推进区域电力、煤炭、石油、天然气、重大农业项目、旅游文化交流合作，推动高等院校间合作，加强重大课题联合攻关和项目成果转化，保障人才和信息的充分合理自由流动。

第四，政府在促进区域协调发展的作用。政府应制定科学的区域经济发展战略，按照"扬长避短、发挥优势"的原则，正确选择各自主导产业，努力推进产业转移和整合，注重区域分工效益，减少分工的成本，实施合理的产业政策和区域政策，促进环渤海地区经济社会协调发展。

3.3 环渤海地区港口概况

从地理位置来看，位于太平洋西岸的环渤海地区是东北亚经济区的中心部分，也是中国欧亚大陆桥东部起点之一。拥有5800多千米海岸线的环渤海地区，分布着60多个大小港口，是我国乃至世界上最密集的港口群地区之一，见图3-1。

但是，环渤海地区各港口间的发展规模差距较大，天津、青岛、唐山三个港口从吞吐总量上来看排在前列。集装箱运输方面，形成了大连港、青岛港和天津港三个枢纽，其他几个港口在整个沿海港口体系里面规模较小。为了促进整个地区的港口实力稳定增长，使港口群规模性和影响力在未来几年再上一个台阶，为了拉动环渤海地区经济快速增长，下面将找准港口各自的比较优势，确立自身正确的战略地位，港口间实现差异化发展，从而促进地区港口群体的综合实力。

图 3 - 1　环渤海地区港口布局

3.3.1　京津冀地区

1. 天津港

天津港地处环渤海湾西端，位于海河下游及其入海口处，是环渤海中与华北、西北等内陆地区距离最短的港口，是首都北京的海上门户，也是欧亚大陆桥最短的东端起点。2013 年天津港完成吞吐量 5 亿吨，其中集装箱吞吐量 1300 万 TEU。天津港是中国最大的人工港，由海港和河港两部分组成，港区水陆域面积达 200 平方千米，其中现有陆域面积 37 平方千米，港口陆域规划面积 100 平方千米。是我国沿海港口功能最齐全的港口之一，同世界上 160 多个国家和地区的 300 多个港口有贸易往来。

天津港经济腹地广阔，其直接经济腹地包括天津、北京两大直辖市和河北、山西、内蒙古、陕西、甘肃、青海、新疆、宁夏等八省区及河南、山东二省的部分地区，总面积达 450 万平方千米，占全国面积的 46.9%。腹地内自然资源丰富、三大产业发达、外向型经济活跃、信息和高科技产业发展势头强劲，是我国经济发展较快的区域之一。

2. 曹妃甸港区

曹妃甸港区位于唐山市南部 70 千米南堡地区曹妃甸岛，东距京唐港 33 海里，距北京约 230 千米。港区自然条件非常好，岛前西南及南侧水深条件良好，距岸 600 米处即为渤海湾主潮流通道的深槽海域。曹妃甸疏运条件便捷。疏港铁路可与京山、京秦、大秦三条国铁干线相连。公路疏运，境内相互连接的京沈、唐津、唐曹三条高速公路沟通全国高速公路网。可直接向华北地区用户供应进口铁矿，节约铁路往返运输费用。水路疏运方面，曹妃甸港区位于环渤海港口群体中间地带，至各港距离适中，水上中转运输条件便利。在环渤海经济圈内，曹妃甸港区经济腹地直接面向京津冀经济区，而且可延伸至西北地区。经济区位条件优越。在环渤海和东部沿海深水港布局上位置适中。

曹妃甸综合开发潜力巨大。其地理及水深条件，可供开发 25 万吨级以下多专业、多用途泊位群体，包括进口铁矿石、原油等大宗散货专用码头与中小码头组合配置，规模优势突出。曹妃甸港区不仅具备合理布局和开发建设大型深水港优越的经济地理资源条件，而且具有成组建设大型深水码头得天独厚的条件。港区后方大片国有滩涂，可进行大规模工业性开发，发展临港工业。从优化京津唐地区产业配置的角度看，依托大型深水港口，既为京津冀地区支柱产业的发展提供有力支撑，同时又为京、津两市向外转移扩散传统产业，提供发展空间。曹妃甸港区处于环渤海经济圈前沿，曹妃甸港区的开发建设，也有利于改善环渤海深水港口的布局。

3. 京唐港区

京唐港地处京津唐一级经济区网络之中，环渤海经济圈的中心地带，国家重点开放开发地区。其地理位置正是沟通华北、东北和西北地区的最近出海口，背靠京、津、唐、承、张等 20 座工业城市，占据华北与东北的交通咽喉地带，上能同京九、京沪、京广交通大动脉相连，下能同京哈、京承、京包欧亚大通道相连接。腹地广阔，货源充足，交通便捷。直接经济腹地唐山是中国重要的能源、原材料基地和多种农副产品富集地区，已形成煤炭、钢铁、电力、建材、机械、化工、陶瓷、纺织、造纸、食品十大支柱产业，又是沟通东北及华北的商品集散地和运输要道，每年有大量的内外运货物。间接经济腹地可覆盖河北、北京、山西、宁夏、内蒙古和陕西等地。

4. 秦皇岛港

秦皇岛港南濒渤海，北依燕山，东临辽宁，西近京津。处于环渤海经济区的中间地带，是华北地区连接东北地区的要道，华北、东北、西北地区重要的出海口和"三北"地区商品、物资集散地。秦皇岛港开展技术领先竞争战略，成功研制开发给料皮带机移动卸料装置技术，新工艺装船能力比传统工艺效率提高 20%，在装卸工艺上持续保持煤炭行业领先水平。但秦皇岛港港口货源结构严重不平衡，对煤炭资源过分依赖，如何实现从单一货种运输向综合运输发展是秦皇岛港要解决的问题。

5. 黄骅港

黄骅港开发区位于渤海湾，河北、山东两省交界处，漳卫新河与宣惠河交汇的大口河在此入海，地理位置得天独厚，在天津港到龙口港 500 千米长的海岸线上正处于居中位置，填补了这一段的港口空白。黄骅港 1997 年 11 月经国务院批准开工建设，总投资 100 多亿元，工程分三期建设，一期建成两个 5 万吨级和一个 3.5 万吨级泊位，年吞吐量 3500 万吨；二期建设一个 10 万吨级泊位和两个 5 万吨级泊位。目前，黄骅港也已建成亿吨大港，发展势头较好。

3.3.2　辽东半岛

1. 大连港

大连港处于我国渤海的咽喉地段，是我国东北地区通往关内和国外的海上交通枢纽。2013 年大连港货物吞吐量突破 4 亿吨，集装箱吞吐量超过 1000 万 TEU。大连港阔水深，不淤不冻，自然条件非常优越，是转运远东、南亚、北美、欧洲货物最便捷的港口。大连港依托大连市，经济腹地包括黑龙江省、吉林省、辽宁省及内蒙古自治区东部的呼伦贝尔市、通辽市和赤峰市。大连港交通十分方便，哈大铁路正线与东北地区发达的铁路网连接。公路有沈大高速公路与东北地区的国家公路网相连接。经东北铁路网和公路网，大连港还连接着俄罗斯和朝鲜，可通过西伯利亚大铁路，成为欧亚大陆桥的起点。陆海空多种运输方式组成的主体运输网为大连港的发展提供了优越的集疏运条件。

2. 营口港

营口港是距东北三省及内蒙古东部地区最近的出海港，是在建的辽宁

"五点一线"沿海经济带上的主要枢纽港,现有 3 个港区(鲅鱼圈港区、营口港区和仙人岛港区)共 48 个泊位。目前,港口已同世界 50 多个国家和地区的 140 多个港口建立了运输关系。2013 年,营口港完成吞吐量 3.3 亿吨,居我国沿海港口第八名。

3. 锦州港

锦州港位于渤海湾内笔架山旁,是中国沿海纬度最高的深水良港,环渤海经济圈、京津唐经济带和东北老工业基地增长极的交汇处。2013 年,锦州港货物吞吐量 0.85 亿吨,主要货种是粮食和煤炭。锦州港已经成为我国最大的内贸玉米中转港。东北老工业基地的振兴、辽宁"五点一线"沿海经济带的发展,为锦州港的下一步发展带来了机遇。随着锦州总体规划的调整和逐步实施,将会形成全新的现代物流格局。锦州港位于我国经济最具活力的环渤海经济圈,锦州市政府准确定位港口在经济发展中的作用,给予锦州港强力的支持。

4. 丹东港

丹东港属带温润地区,台风影响甚少。港口属于天然不冻港,流冰厚度一般为 5 ~ 15 厘米,不影响船舶航行和靠泊作业。丹东港位于辽东半岛东北根部,鸭绿江入海口西岸,南临黄海毗临大连,东与朝鲜半岛隔江相望,水上距朝鲜南浦港 119 海里,距韩国仁川港 232 海里,距日本神户港 844 海里,是我国大陆海岸线最北端的国际贸易商港,也是我国与朝鲜半岛及日本列岛距离最近的港口之一。直接经济腹地为丹东市和本溪市,丹东市工业基础较为雄厚,工业以轻工、电子、机械为主,本溪为东北第二大钢铁基地。

3.3.3 山东半岛

1. 青岛港

青岛港位于山东半岛东部,胶州湾畔,扼黄海、渤海之要冲,是山东省沿海地区最大的工商业城市,也是我国重点开放的沿海港口。2013 年青岛港货物吞吐量达到 4.5 亿吨,同比增长 10.6%,2013 年集装箱吞吐量 1552 万 TEU,同比增长 7%。可从事集装箱、煤炭、原油、铁矿、粮食等各类进出口货物的装卸服务和国际国内客运服务。与世界上 130 多个国家和地区的 450 多个港口有贸易往来。是太平洋西海岸重要的国际贸易口岸和海上运输枢纽。

青岛港具有良好的运输条件。胶济铁路和胶黄铁路、济青高速公路、烟青高速公路、环胶州湾高速公路与港区相连。青岛港客运站与青岛国际航空港、青岛火车站连成立体交通服务网络。发达的铁路、公路、水路、管道运输，使青岛港具有高效的疏港运输能力。海路可达国内外各港口，货运航线可至东北、华北、华东各省沿海。

2. 烟台港

烟台港位于山东半岛北侧，隔海与辽东半岛相望，是国家水路运输的主枢纽港和国内沿海重要的对外开放港口，是国家沿海南北大通道（同江至三亚）的重要结点，在全国综合运输网中居于重要地位。港口拥有自动化程度较高的散化肥接卸、包装、储运作业线。2013 年烟台港实现货物吞吐量 2.2 亿吨，比上年同期增长 10.4% 。

3. 日照港

位于山东半岛城市群与长江三角洲城市群的接合部，既是山东半岛城市群的南翼，也是鲁南经济带唯一的沿海港城和对外开放窗口。2013 年，日照港货物吞吐量突破 3 亿吨。日照港逐步实施港口发展由外延式向内涵式转变、由"亿吨大港"向"亿吨强港"转变战略。通过新的亚欧大陆桥将港口的腹地延伸到西部地区，在西部建立"无水港"，为港口长远发展储备潜能。发行可转换公司债券，缓解了筹资融资压力。对于日照港而言，北有青岛港、南有连云港港，直接与间接经济腹地货物生成量小，且三港之间腹地交叉，是中国港口竞争最激烈的港口群之一。

4. 威海港

威海港水域交通方便。公路可与省内主要干线相连，西距烟台 90 千米，东距荣成 84 千米，南距文登 42 千米。航空有威海直达北京的定期航班。海上运输主要航线有大连、秦皇岛、天津、烟台、青岛、上海、香港；国外航线有通往日本、朝鲜、独联体、韩国及东南亚各有关港口；定班客轮航线有大连、韩国的仁川港，定班货轮航线有香港。威海港经济腹地主要是威海市所辖三市一区。腹地海产资源十分丰富，盛产花生、水果等，矿产建筑材料品种较多，其中石英砂矿的储量和规模居山东省首位。威海市工业基础雄厚、门类齐全，主要有轻工、食品、机械、橡胶、电子、建材等。威海港进出物资主要有矿建材料、煤炭、橡胶、木材等。

3.4 环渤海地区港口物流竞争力评价

我国环渤海地区港口众多，港口经济腹地又存在交叉重叠，这必然导致这一地区港口在货源、船公司等方面的竞争。下面首先构建港口物流竞争力评价指标体系，然后对环渤海地区港口进行具体评价。

3.4.1 评价指标体系的构建方法

港口物流竞争力是个相对的概念，因此它是通过建立一定评价指标体系进行比较分析的。指标体系的规模要适当，能够客观、准确地反映评价对象的特征以及尽可能利用现有的统计资料提供的数据。

1. 评价指标体系设立的原则、作用和步骤

设计评价指标体系的基本原则包括：第一，科学性原则。评价指标体系要能科学地反映各港口物流的基本状况和运行规律。在科学的基础上建立指标体系，必须做到意义上的明确、测定方法的标准以及计算方法的规范。第二，层次性原则。评价指标体系要能全面、系统地反映港口状况的各个方面，要符合其目标函数，使评价目标与指标有机联系成为一个层次分明的整体。第三，全面性原则。评价指标体系所做的综合评价既要反映目标的目前状况，也要指示未来的发展方向，为以后的发展确立基础。第四，可比性原则。所选指标要能够进行各评价对象的横向和纵向比较，以至达到设立指标体系的意义。第五，可操作性原则。评价指标不是越多越好，评价指标的设计应尽量避免冗余，指标值要易于采集和确定，评价过程要科学合理，利于掌握和操作。

2. 综合评价的步骤

第一，明确评价目的。对一目标展开综合评价，首先要明确评价的目的，即为什么要进行综合评价，评价哪些方面，要说明什么问题，结果又会有什么相关性等。

第二，分析影响因素，建立评价指标体系。在明确了评价目的之后，要对进行分析的目标进行因素分析，找出影响目标的各因素，进行分层处理，其中包括一(层)级指标、二(层)级指标和三(层)级指标。

第三，确定指标的定值和转换方法。评价指标可以采用不同的综合指标形式。如定量指标可采用绝对数、相对数和平均数等，定性指标可采用不同等级的描述等。为了消除不同指标不同计算方法的影响，可分别采用各自相应的指标转换方法，将指标进行转换，以保证评价合成的需要。

第四，确定评价指标的权重。指标权重大小对总体综合评价的结果会产生重要影响，同一组指标特征值、权重不同，会导致截然不同甚至相悖的评价结果。

第五，运用评价模型进行指标合成，得出综合评价值。选择合适的评价模型是保证综合评价结果科学、合理的重要基础。

第六，利用综合评价值，对被评价的不同对象进行比较和排序。

3.4.2　港口物流竞争力评价指标体系的构建

1. 一、二级指标的建立

根据上文阐述的港口物流竞争力的特点，下面详细分析一下其构成因素：一个港口能否在激烈的港口竞争中取得主动，港口自身的地理条件、腹地经济、港口的基础设施以及港口的作业效率等都起着重要作用。另一方面，港口在竞争中能否取胜，较大程度上还取决于政府的态度，取决于宏观的市场环境，也取决于港口管理者的管理水平和劳动者的素质。正是由于这些因素的共同作用决定了港口在整个市场竞争中的地位，见图 3-2。

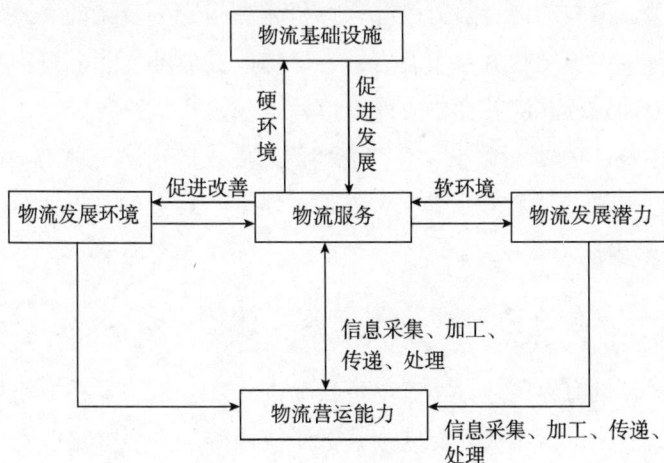

图 3-2　港口物流构成要素

港口的自然条件和基础设施是决定港口物流竞争地位的最重要的因素之一。由于港口竞争的主要对象是腹地货源和中转货源，所以港口码头岸线长度、港口泊位数和万吨级泊位数、库场容量、船舶在港延时、港口作业效率以及设备的装卸能力为港口物流的发展提供了硬件环境，是决定港口运营能力和物流竞争力的重要因素。港口物流发展环境为港口物流的竞争提供了宏观基础条件，与港口物流的发展相互促进。港口城市 GDP、港口城市第三产业占 GDP 的比重以及港口腹地经济水平都是港口腹地对港口物流起推动作用的决定性因素。

港口物流发展潜力也是体现港口物流竞争力的一个重要方面。港口发展应是长远的发展，港口物流的竞争力也应该是持久的。只有具备竞争潜力的港口物流才能为港口运营增加动力。港口投资、港口货物吞吐量年增长率、港口城市 GDP 增长速度和物流增值业务发展水平等都是港口物流发展的软环境，为港口物流的发展提供了重要保证。当然，港口物流基础设施、物流发展环境、物流发展潜力以及物流营运能力也相互影响，它们之间信息的交流、加工、传递以及处理，使港口物流服务各方面相互联系，互相促进，共同推动港口物流的发展。

2. 三级指标的建立

港口物流的发展不仅与港口自身的区位、码头条件、服务水平、物流环境等有关，也与港口所在城市的经济实力，甚至港口腹地的经济发展情况密切相关。港口物流竞争力的综合评价是一个十分复杂的大系统。本研究从港口基础设施及物流营运能力、港口物流发展环境和港口物流发展潜力三个大方面设计相应的竞争力评价指标体系，见表 3-1。

经过调整，14 项指标中只有物流增值业务发展水平一项是定性的，可采用专家打分法，其余指标均可采用实际数据。其中港口腹地经济水平用人均 GDP 来衡量。

3.4.3 环渤海地区港口物流竞争力的因子分析

为了对环渤海地区港口物流竞争状况进一步分析，并在影响港口物流竞争力的因素中分析出最主要成分，下面使用因子分析方法展开分析。在实际中，人们在评价或描述一个对象时，总是希望收集到更多的有关数据信息，于是就会有许多的指标，但是在指标分析中由于变量的无节制设置

表 3 - 1 指标模型

一级指标	二级指标	三级指标
港口物流竞争力	港口基础设施及物流营运能力	港口码头岸线长度（千米）X_1
		港口泊位数（个）X_2
		港口万吨级泊位数（个）X_3
		库场容量（平方米）X_4
		货物年吞吐量（万吨）X_5
		港口作业效率（台）X_6
		设备装卸能力（个）X_7
	港口物流发展环境	港口城市 GDP（亿元）X_8
		港口城市第三产业占 GDP 的比重（%）X_9
		港口腹地经济水平（亿元/万人）X_{10}
	港口物流发展潜力	港口投资 X_{11}
		港口货物吞吐量年增长速度（%）X_{12}
		港口城市 GDP 增长速度（%）X_{13}
		物流增值业务发展水平 X_{14}

和引入，导致共线性、重叠、畸变等误差源出现。于是我们就希望在不引起信息丢失的情况下缩减变量群❶。

1. 因子分析法的数学模型

假设原有变量 p 个，分别用 $X_1, X_2, X_3, \cdots, X_p$ 表示，$F_1, F_2, F_3, \cdots, F_m$ 分别表示 m 个因子变量，m 小于 p。于是有：

$$X_1 = a_{11}F_1 + a_{12}F_2 + \cdots + a_{1m}F_m + a_1\varepsilon_1 \tag{1}$$

$$X_2 = a_{21}F_1 + a_{22}F_2 + \cdots + a_{2m}F_m + a_2\varepsilon_2 \tag{2}$$

$$X_p = a_{p1}F_1 + a_{p2}F_2 + \cdots + a_{pm}F_m + a_p\varepsilon_p \tag{3}$$

在这个数学模型中，F 为因子变量或公共因子，可以把它们理解为在高位空间的相互垂直的 m 个坐标轴；A 为因子载荷矩阵，a_{ij} 称因子载荷，是

---

❶ 因子的特点是：第一，因子变量的数量远远小于原始指标变量的个数；第二，因子变量并非原始指标变量的简单取舍，而是一种新的综合；第三，因子变量之间没有线性关系；第四，因子变量具有明确的解释性。

第 i 个原有指标变量在第 j 个公共因子变量上的负荷。如果把变量 X_i 看成 m 维因子空间中的一个向量，则 a_{ij} 表示 X_i 在坐标轴 F_i 上的投影，相当于多元回归分析模型中的标准回归系数；ε 为特殊因子，表示原有变量不能被公共因子解释的部分。

2. 因子分析法的基本步骤

第一，确定原有变量是否适合进行因子分析。因子分析的条件是原有变量之间存在较强的相关关系，如果原有变量之间不存在相关关系，那么根本无法从中综合出能够反映某些变量公共特性的几个较少的公共因子。一般来说，各变量的相关系数矩阵中的大部分系数大于 0.3，则可以进行因子分析。第二，确定因子变量和计算因子载荷矩阵。构造因子变量是因子分析的关键步骤之一，因子分析中有许多确定因子变量的方法，如基于主成分模型的主成分分析法、极大似然法、最小二乘法等。SPSS 中默认采取主成分分析方法。第三，因子变量的命名解释。一个公共因子可能解释许多变量的信息，一个原始变量可能也与多个因子相关，要做的是让每个变量在尽可能少的因子上有较高的载荷，从而更好地对因子变量进行解释。第四，计算因子得分。计算因子得分的基本思想是将因子变量表示为原有变量的线性组合，即通过以下矩阵函数：$F = BX$ 来计算因子得分。

3. 基于 SPSS 的计算过程

将数据进行标准化处理后，应用 SPSS 软件对数据进行分析，通过检验各指标的相关性，证明其比较适合做因子分析。并且各因子的公因子提取比例都非常大，大部分因子都超过了 85%（见图 3-3）。根据主成分列表（图 3-4），不难看出前三个公因子的累积方差贡献率已达 86.405%，即反映了原有信息量的 86% 以上，通过碎石图（图 3-5）可以更直观地看到前三个因子的特征值均大于 1，图中折线陡峭，从第三个因子以后，折线平缓，因此选择三个公因子。

Communalities

	Initial	Extraction
港口码头岸线长	1. 000	. 933
港口泊位数	1. 000	. 918
港口万吨级泊位数	1. 000	. 906
库场容量	1. 000	. 834
港口货物年吞吐量	1. 000	. 908
港口作业率	1. 000	. 798
设备装卸能力	1. 000	. 874
港口城市 GDP	1. 000	. 747
港口城市第三产业占 GDP 的比重	1. 000	. 928
港口腹地经济水平港口投资	1. 000	. 911
港口货物吞吐量年增长速度	1. 000	. 717
港口城市 GDP 年增长速度	1. 000	. 901
物流增值业务发展水平	1. 000	. 894

Extraction Method：Principal Component Analysis.

图 3 - 3　变量共同度图

Total Variance Explained

Com-ponent	Initial Eigenvalues			Extraction Sums of Squared Loadings			Rotation Sums of Squared Loadings		
	Total	% of Variance	Cumulative %	Total	% of Variance	Cumu-lative %	Total	% of Variance	Cumu-lative %
1	9.157	65.407	65.407	9.157	65.407	65.407	9.128	65.200	65.200
2	1.617	11.552	76.959	1.617	11.552	76.959	1.495	10.680	75.880
3	1.323	9.446	86.405	1.323	9.446	86.405	1.473	10.525	86.405
4	Y.714	5.099	91.504						
5	Y.573	4.096	95.600						
6	Y.217	1.551	97.151						
7	Y.162	1.160	98.311						
8	Y.120	Y.860	99.170						
9	Y.067	Y.481	99.651						
10	Y.036	Y.254	99.905						
11	Y.009	Y.067	99.972						
12	Y.004	Y.028	100.000						
13	6.41E-017	4.58E-016	100.000						
14	-3.2E-017	-2.26E-016	100.000						

Extraction Method: Principal Component Analysis.

图 3 - 4　总方差分解图

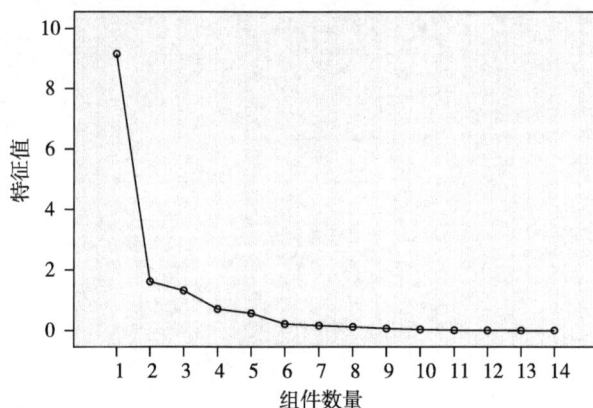

图 3 - 5　碎石图

Rotated Component Matrix^a

	Component		
	1	2	3
港口码头岸线长度	0.949	−0.177	−0.015
港口泊位数	0.951	−0.084	0.085
港口万吨级泊位数	0.939	0.040	−0.151
库场容量	0.722	−0.495	0.260
港口货物年吞吐量	0.844	−0.431	0.096
港口作业率	0.893	−0.012	0.007
设备装卸能力	0.914	−0.194	−0.011
港口城市GDP	0.778	0.345	−0.152
港口城市第三产业占GDP的比重	0.708	0.170	−0.630
港口腹地经济水平	0.837	0.353	−0.063
港口投资	0.942	0.154	0.033
港口货物吞吐量年增长速度	0.166	0.751	0.355
港口城市GDP年增长速度	−0.130	0.263	0.903
物流增值业务发展水平	0.914	0.239	−0.018

Extraction Method: Principal Component Analysis.

Rotation Method: Quartimax with Kaiser Normalization.

　　a.Rotation converged in 5 iterations.

图 3 - 6　旋转后的因子载荷矩阵

公因子与原有变量指标之间的相关程度由因子载荷值表示，负值表示负相关。因子载荷值越高，表明该指标与该因子的相关程度越高，包含该指标的信息量也就越大。图 3 - 6 给出了经过旋转后的因子载荷矩阵。依据因子载荷矩阵分析三个公因子所反映的具体信息和特征，第一主成分中，港口码头岸线长度、港口泊位数和港口投资得分均大于 0.94，所以，称第一主成分为港口自然条件因子；第二主成分得分中，港口货物吞吐量年增长速度这一项得分为 0.751，大于其余各项得分，所以第二主成分可称为港口物流发展潜力因子；港口城市 GDP 年增长速度在第三主成分中的得分值为 0.903，远远领先于其他因素，则第三主成分为港口物流发展环境因子。

为进一步对环渤海地区港口物流竞争力进行比较，可结合因子分析结果，用回归方法计算出因子得分，并以各因子的方差贡献率占三个因子累积方差贡献率的比重作为权重进行加权求和，即：

$$W_1 = K_1 / (K_1 + K_2 + K_3)$$
$$W_2 = K_2 / (K_1 + K_2 + K_3)$$
$$W_3 = K_3 / (K_1 + K_2 + K_3)$$

计算各港口物流竞争力的综合得分：

$$F = W_1 \times Y_1 + W_2 \times Y_2 + W_3 \times Y_3$$

其中 W_i 为权重，Y_i 为主成分得分值，F 为综合评价值。

3.4.4　提高环渤海地区港口物流竞争力的建议

根据以上公式和方法，代入实际数据，就可以计算得到环渤海地区港口竞争力评价的分值及排名。作者在前些年曾经使用 2006 年的数据进行过具体测算，当时曹妃甸港区的数据还是采用的规划值。当时的结果显示，环渤海地区港口物流的整体竞争力不是很高，特别在港口建设、港口物流发展环境和港口物流服务方面还要加大投资，才能带动经济腹地的发展。

近些年，包括环渤海地区港口在内的中国港口呈现爆发式增长的态势，不仅是在数量规模方面的扩张，更重要的是物流水平的显著提升。当前的环渤海地区港口已经在东亚港口物流系统中占据了一定优势地位。从未来进一步提升港口物流竞争力的目标导向来看，环渤海地区港口还需要从以下方面采取措施。

第一，提高基础设施水平。提高基础设施水平主要指整合港口现有的条件，对港口的配套设施进行技术改造，并加强包括集装箱码头数量、装卸能力、码头堆场、航道水深等在内的港口基础设施建设。完善港口集疏运设施，提高设备利用率，增强港口通过能力，缩短货物在港停留时间等。

第二，加快港口物流信息系统建设。"数字港口"是一个全方位的数字化的港口物流系统，它不是在原有的港口物流系统上的信息化，而是将港口物流系统建立在"信息化""数字化"基础之上的。生产、流通及服务等所有环节都是在"数字流"的基础之上联动，它减少了中间环节，大幅度降低航运业的经营成本。港口物流信息系统的建设已经成为提高服务质量和服务水平，强化整体竞争力的重要手段。

第三，完善港口现代物流模式。运用现代物流的理念和运营模式，改造港口现有的经营机制和组织模式。将港口系统的自理物流作业剥离出来，集中起来形成一个物流部门独立运作。港口物流中心应具备物流集散、货物存储配送、市场交易、信息管理、服务咨询和增值性服务等功能。这突破了原有港口作为单一交通枢纽基础设施的设计理念。通过功能多元化、布局合理化、标准国际化、管理现代化和运行高效化的改造，全面提升港口物流竞争力。

第四，拓展港口物流战略联盟。随着港口间的竞争日趋激烈，各港口都在硬件和软件上加大投入力度，这就可能导致资源闲置，泊位利用率下降，最终使港口物流业陷于困境。因此，距离非常接近的环渤海地区港口物流企业应该建立类似于航运联盟的港口物流联盟，协调各港口间的营运价格和发展目标，使区域内各港口实现共赢。关于合作的形式，可以通过参股、合资等形式进行合作，可以开展航线配合，既发挥各自的干线优势，同时又加强支线网络建设。其中物流行业协会需要发挥重要作用，参与港口物流的行业标准与认证、数据统计、教育培训等。

第4章　河北省港口物流与开放型经济的互动发展

在经济全球化的大背景下，"港口—腹地"范式对港口及所在城市的经济发展模式的形成有很大的促进作用。在这种格局中，如果港口拥有充足的深水码头和岸线资源，不但可以解决腹地货物的出海口问题，还可以吸引充足的资源以促进本区域的经济繁荣。河北省是沿海省份，但在港口物流及开放经济发展方面，都处于后发地位，两者的互动效应对河北省来讲至关重要。

4.1　国际产业转移态势与建设河北省开放型经济格局

在全球新一轮产业转移和结构调整中，中国以巨大的发展潜能和良好的投资环境成为国际产业转移的重要基地。河北省要突破原有路径依赖，就必须实施大开放战略，进一步扩大开放领域、优化开放结构、提高开放质量、创新开放形式，形成互利共赢、安全高效的开放型经济体系。河北省构建开放型经济格局时，不论是产业导向还是区域导向，都将基本支撑定位于沿海区位、定位于港口物流。由港口物流推动开放型经济格局的形成，这是河北省应该弥补的短板，也是今后经济转型升级的要义。

4.1.1　国际产业转移的新架构

产业转移是产业在时间维度与空间维度的一个动态变化过程。国际产业转移主要是通过资本的国际流动来实现的，较发达国家可以通过产业转移调整产业结构、实现全球战略目标，发展中国家则可以通过承接产业转移来促进产业结构升级和经济发展。20 世纪 90 年代开始兴起的国际产业转移浪潮呈现出了一些新的趋势，主要表现为以下方面。

1. 国际产业转移结构高度化。

国际产业转移的重心开始由原材料向加工工业、由初级产品部门向高附加值产业、由传统产业向高新技术产业转变。这一过程实质上意味着国际产业转移的规模由小变大、水平由低变高、联系由松变紧的趋向。而且，国际产业转移已经突破原来单一的直接投资模式，逐步形成多样化投资方式并举的格局，跨国并购成为国际产业转移的重要方式。

2. 服务业投资成为新兴热点。

近年来，伴随着服务业在世界产业结构中形成的主导地位，服务业向新兴市场国家转移的趋势也渐趋明显。服务业国际转移表现为三个层面：一是项目外包，即企业把非核心业务委托给国外公司；二是跨国公司业务离岸化，将一部分服务业务转移至低成本国家；三是与跨国公司有战略合作关系的服务企业，为给跨国公司在新兴市场国家开展业务提供配套而将服务业进行转移。

3. 产业链整体组团转移趋势。

由于跨国公司社会化协作程度高，一家跨国公司的投资往往会带动一批相关行业的投资。随着竞争加剧，跨国公司引导其供应商到东道国投资，推进零部件供给当地化，将整条产业链转移到发展中国家。因此产业转移不再是企业的孤立行为，而是在国际生产网络的基础上形成了以跨国公司为核心，全球范围内相互协同的企业组织框架，从而使国际产业转移的速度和范围达到了新的水平。

4. 跨国公司成为国际产业转移的主体。

跨国公司已成为当今国际贸易、国际投资和国际产业转移的主要承担者，跨国公司实施的全球战略布局成为国际产业转移的主要推动力量。识别和利用跨国公司的战略能力将成为今后促进世界各国经济发展和提高国际竞争力的重要因素，成为发展中国家接纳国际产业转移、实现产业结构转型和升级的重要契机。

4.1.2　河北省发展开放型经济的战略意义

跨国公司看重中国极具成长性的市场容量、充足的熟练劳动力和研发人员以及广阔的经济增长前景，因此中国成为吸纳国际产业转移最多的发展中国家。在经济全球化背景下，扩大对外开放、加快构筑开放型经济体系，是振兴区域经济的必由之路。开放型经济具有集聚效应和辐射效应，对区域经济整体水平具有持续的拉动和支撑作用。一个国家或地区仅仅局限于对本地资源禀赋的利用已远远不够，必须提高对全球资源的整合能力。只有通过发展开放型经济，充分利用两种资源、两个市场，才能克服诸多制约，实现可持续发展。

目前，国家把加快环渤海地区发展作为重大战略举措，积极推进京、津、冀都市圈和天津滨海新区的发展，"环渤海"正在成为中国继"珠三角""长三角"之后新的核心增长极，这为河北省把沿海优势转化为经济优势，实现跨越式发展提供了难得的历史机遇。区位优势可能使河北成为第二波外资重点投资区域和承接国际产业转移的新兴平台，从而迎来工业化和经济发展的新突破。加快构筑开放式经济格局是河北面对经济全球化不断深化的必然选择，是在新一轮国际产业转移浪潮中发挥比较优势的战略选择。

实际上，河北是全国对外开放起步较早的省份之一，1984 年首批 14个沿海开放城市就有河北省秦皇岛市。在 30 年的开放历程中，河北省实施了"两环开放带动战略"，对外开放范围不断扩大。然而，河北虽然属于沿海省份，但长期以来在产业结构、项目布局、心态意识等方面，并没有定位于沿海开放型经济模式，而是更多地表现出内陆资源型经济的典型特征。由于发展观念等诸多因素的影响，河北没有充分利用好自己的沿海优势，沿海对腹地的带动作用不强，进出口贸易额、外贸依存度、外商直接投资额等反映经济开放度的指标排名在沿海省份中明显落后。

河北省是自然资源丰富的地区，但技术创新和可持续发展趋势使技术和资本在经济发展中的权重提高，这对河北省通过开发资源形成产业优势的工业化模式构成挑战。目前，河北省尚处于工业化中期，急需通过吸纳国际产业转移，引进国外的先进生产要素，提升产业结构。然而由于长期缺乏沿海开放意识，河北省实际上已经错过了以"三来一补"为主要形式的初级出口导向型发展阶段。在国家提出要创新外资引进方式、优化贸易结构的政策取向下，河北省应抢抓东北亚经济一体化进程加快、环渤海经济圈加速崛起以及河北建设沿海经济社会发展强省所带来的历史机遇，发挥河北省在国际产业转移和港口经济辐射作用下的特殊优势，借鉴沿海发达省份的成功经验，真正把发展开放型经济放到促进经济发展主战略的重要位置上来，科学谋划和构筑沿海开放式经济格局。

4.1.3 河北省构建开放型经济格局的产业导向

河北省传统资源型产业特征比较突出，总体表现为低级化和偏重型，经济粗放的格局尚未改变，高新技术产业比重低、发展较为缓慢，这导致产业发展过度依赖自有资源禀赋条件，依赖以牺牲生态环境为代价的传统重化工业规模扩张。资源的保障力和环境的承载力构成了阻碍经济可持续发展的主要约束。这样的产业发展模式使河北省与国际市场和国际资本对接困难，发展空间受到限制，与经济开放式发展的要求不相适应，急需在国际产业转移的新架构下推动产业结构的战略调整，基于现实经济技术条件来塑造新的开放型经济增长点。

1. 开放型加工制造业的培育

国际产业组团式整体转移趋势，使得有产业特色和配套基础的区域成为承接产业转移的主要平台。我国东南沿海地区受土地、能源等生产要素的数量及价格约束，对国际产业转移的承载能力已趋饱和，劳动力、原材料和能源的价格上涨导致加工制造业开始向其他地区转移。国内地区间资本边际收益率差距有缩小的趋势，这意味着资本在各区域的配置将渐趋平衡。伴随着东南沿海地区商务成本的攀升，加工制造业转移首先会考虑成本较低、交通便利的省份，这自然成为既有沿海优势又有较低生产要素成本的河北省经济发展的难得机遇。区位优势会直接影响外商直接投资增量的分布路径，因此在新一轮承载国际产业转移的区域竞争中，河北必须创造和凸显全面的区位吸引力，在现有发展基础上，强化产业关联效应，提高对国际产业转移的接受能力，实现开放经济条件下的产业升级。在此过程中，应注意对跨国公司的研究，掌握其业务拓展状态和投资意向，把强化与世界 500 强企业的合作摆在更加突出的位置，吸引更多跨国公司在河北省建立面向全球的制造基地。

2. 传统重化工业的转型升级

河北具有传统优势的资源性产业与我国正处于上升通道的重化工业发展阶段相契合，因而仍然具有一定的发展空间。关键是要基于临港优势，提高经济开放度，降低对本地资源和市场的依赖，强力改造传统重化工业。现代化港口是沿海产业链条中的核心环节，为推进河北省传统重化工业的优化布局和集约发展提供了优越条件。依托河北省拥有的环渤海地区稀缺的深水港口资源，以及正在形成的临港重化工业体系和广大腹地对港口物流业的巨大需求，实现重化工业和港口物流业在海港前沿的对接，积极参与国际物流大循环。在产业转型升级的过程中，还应加强信息技术和节能减排技术向传统产业的渗透，提高重化工业的生产效率、技术水平和运行质量。通过对内对外战略合作，加速企业兼并重组和资源整合，积极引进战略投资者，在全面开放的框架下提升传统优势产业的国际竞争力。

3. 高端生产性服务业的积极引进

从参与国际分工和产业互动关系的角度看，制造业技术水准和附加值的提高在很大程度上取决于现代生产性服务业的发展状态。我国服务业市场的全面开放和巨大发展空间，使得具备了加速承接服务业国际转移的基础与条件。根据国际服务业转移趋势及河北省制造业升级的急切需要，河北承接国际服务业转移的重点领域应是高端生产性服务，特别是现代物流业、科技服务业、金融服务业等。要进一步扩大国际服务业转移的吸纳规模，实现产业接纳方式的多样化。要加强对服务业国际转移的跟踪研究，积极为企业提供必要的信息咨询服务，引导河北企业参与国际项目外包市场，在开放环境中促进制造业和生产性服务业的动态融合。

4.1.4　河北省构建开放型经济格局的区域导向

河北省在经济发展上属于跟进型区域，开放式发展是河北快速释放后发潜力、抵消政策弱势的唯一选择。开放型加工制造业的培育、现有重化工业的优化调整和现代生产性服务业的引进，共同构成河北省适应国际产业转移新趋势、建设开放式经济格局的产业发展主导路径，而这又都依赖于良好的港口条件。港口是连通陆域、海域两个扇面的交通枢纽和进出口通道，是一个地区对外开放的窗口，占有极为重要的战略地位。港口作为区域经济参与全球竞争的高效便捷途径，已经成为带动区域经济发展的核心资源。沿海地区是推进河北省由内陆资源型经济发展理念、发展路径转变为增强海洋开放意识、融入全球产业分工的前沿。河北东部沿海的大面积未开发滩涂是经济空间拓展的潜力和希望，应打造成承载新一轮国际产业转移的重要平台，打造成具有广泛国际性和高度开放性的增长极。而近年来河北省港口群体系的逐步完善，特别是曹妃甸的大规模开发建设，为贯彻开放式经济格局的区域导向提供了战略支撑。沿海经济带应该成为河北省构建开放式经济格局的区域先锋和前期重点建设领域。

在经济全球化不断深化的大背景下，沿海港口在全球范围内配置资源的作用越来越强，成为推动沿海地区扩大开放的强大动力。增强沿海意识绝不仅仅是强化地理区位概念，而是要树立以现代化和国际化为取向的发展理念，建设以分享全球资源和参与国际分工为目标的全方位开放格局。港口意味着生产要素的快速流通和聚集，沿海港口建设将加强河北省对国际产业转移的吸附能力，在区域竞争中占据优势。加快建设河北省沿海经济隆起带，是在更高的平台上参与东北亚和环渤海地区合作发展的需要。经济发展重心向海陆运输便利、空间布局广阔、接近国际市场的沿海临港地区转移，将有助于实现参与国际经济合作和寻求外部资源支撑等多重目标。要依托沿海港口资源，努力在更大范围内汇集优质要素，在更高层次融入国际经济大循环，在更广领域开拓经济合作空间。

率先开发沿海是河北省扩大开放和改变经济循环状态的主要区域依托。以曹妃甸区和渤海新区为代表的河北省东部沿海可定位于我国承接国际产业转移的新兴集中区，京、津、冀重化工产业迁移的核心区，河北省扩大对外开放的前沿带及经济发展方式转变的示范带。通过沿海突破，彻底摈弃内陆封闭意识，加快由资源主导型经济向沿海开放型经济转变，不断提升市场化和国际化水平。发挥沿海港口优势和滩涂资源优势，把握好沿海先进省市由于动态比较优势变化带来的产业转移机遇，引进一批利用外资重大项目，积极引导生产要素向规划区域聚集，着力打造世界制造业基地。突出改善作为国际产业转移主要载体的各开发区的软硬环境，加强基础设施建设，提高公共服务水准，形成具有亲和力的投资环境，打造在国内外有较大影响的名牌开发区。通过谋划建设保税港区、出口加工区等多种形式的立体化开放平台，进一步释放沿海港口的双向辐射功能。

加快港口开发和临港产业发展是河北省经济战略和发展阶段转换的突破口，而沿海经济的崛起更有赖于腹地开放型经济整体水平的提高。经济发展模式由内循环向外循环转变的实质，是通过海陆一体化实现包括广大腹地在内的开放型经济的发展。因此应在发挥沿海先锋作用的同时，依托腹地产业基础，尽快促成沿海与腹地相互依存、良性互动、共同开放的区域合作新状态。在沿海与腹地之间构筑现代物流网络，通过快捷便利的物流服务，实现腹地企业关键物流节点与生产过程的整合，着重提高产业层次和加工深度，实现出口产业的不断升级。通过区域产业重构和空间重组，构筑沿海带动、腹地跟进、统筹城乡的开放新格局，构筑环渤海开放新高地。

4.2　河北省港口物流与开放型经济发展的作用机理

港口经济是在一定区域范围内，由港口航运、商贸、临港工业、旅游等相关产业有机组合而成的一种区域经济。地处环渤海中心区域的河北省拥有 487 千米的海岸线，港口资源丰富。在河北省政府《关于加快沿海经济发展促进工业向沿海转移实施意见》的指引下，海岸线重新进行了功能划分，突出沿海岸线的港口运输和临港产业功能，以港口为龙头，引导和带动生产力布局调整，促进经济社会发展，形成河北港口发展的战略框架。

4.2.1　港口物流对开放型经济发展的作用

1. 经济增长效应

今天在经济全球化的不断推动下，国际商贸得以高速发展。港口在上述发展变化中，其功能也随之发生变化。其作为其他运输方式进行转运的过渡点的作用日益淡化，而作为当代商贸战略要点的意义逐步强化，成为综合物流链中的重要的节点和腹地经济发展带动力量。港口对于腹地加入全球化社会分工和提升腹地经济竞争力具有十分重要的战略意义。港口经济的发展直接对腹地以及港口基础设施的需求增加，拉动内需，这将使港口与腹地基础建设以及腹地经济形成关联互动。港口经济还可以带动关联产业发展，例如保险、仓储、商贸、代理、信息服务等。目前，曹妃甸港口已经成为唐山发展繁荣的重要推动力量。

港口的发展不仅促进河北省本地对外贸易与经济增长，而且极大地服务了周边省市。河北省港口已完成的总吞吐量中，东北地区、山西省、内蒙古和北京等省外区域的石油、煤炭、粮食和铁矿石就占到了90%，作为连接腹地和外部竞争市场的重要地位不言而喻。这些新建的项目更能适应市场的专业化需求，对国家和地区经济发展具有重大意义。河北港口的发展极大推动了临海工业的发展与沿海地区的国土开发。

2. 极化作用

区域经济发展要求形成新的增长极，由此产生城市、城郊与农村的发展落差。对港口物流而言，其运作过程会使得人力、物力、信息等资源在港口以及周边地区重新配置，相似或相关产业不断聚集，从而构成产业集群。这些相互关联的公司或产业逐渐形成了促进区域经济发展的增长极，且极化作用显著。河北省沿海港口群作为经济增长极，不断将其港口物流核心业务辐射到周边区域，在带动进出口贸易增长的同时，也能促进货运、仓储等相关业务的发展，进而推动周边金融、通信、旅游等服务业的兴起，加快产业结构的优化与升级。可以说，曹妃甸港口经济的发展与唐山腹地的发展逐步形成了一个有机的整体，成为沿海地区经济发展的核心动力。港口功能不断完善和港口经济的不断增长，有效地带动了唐山腹地的经济发展。

3. 优化资源配置

世界范围内的各种资源在空间上的分布并不平衡，这就需要物流来解决此问题。港口是海洋运输和陆地运输的接合处，港口可以为腹地企业进入全球化竞争提供便捷高效的通道，可以降低经济发展中的贸易成本，降低各类资源的物流费用，同时促使相关产业资源向港口及其腹地集中，形成产业链。可以说，港口促使了宏观贸易与产业集聚并带动产业升级。

唐山曹妃甸地区具有发展大型深水码头的渤海湾，其可充分利用海运条件，建设深水铁矿石、石油码头来发展重工业，为河北经济规模的跨越式发展提供依托基础。近年来，在国家统筹全局的安排下，以首钢为代表的一些老牌重工业企业纷纷向沿海区域搬迁，形成了新的经济发展格局。这一格局有利于消除或减缓城市圈内单极化现象。唐山市域范围内的主要钢铁企业有河北钢铁集团❶、首钢京唐等几家企业，其中河北钢铁集团和首钢京唐年产钢量均超过千万吨。除此之外，还有国丰钢铁等有实力的民

---

❶以唐钢、邯钢为主进行整合，总部位于石家庄市。

营企业。这些企业对铁矿石的需求，远远超出了唐山本地铁矿石的供应能力；这些企业产出的钢材，也远远超出了唐山本地的需求。于是唐山需要通过港口这个纽带来解决上述问题，利用港口进行资源配置。

4. 马太效应与蝴蝶效应

随着河北省港口规模不断扩大，所承载的货运量越来越大，将会吸引周边港口的许多相关业务。同时，在中转货物逐渐增加的前提下，港口物流会得到更好的发展，这样一来也会对所在区域内的相关服务业务产生更强的刺激作用，从而形成马太效应。另外，港口自身拥有的"桥头堡"功能有利于为临港产业园吸引更加先进的技术与产业，在资源、技术与产品上都能形成竞争优势，有利于产业结构的升级与新产业布局的形成。在此基础上，促进区域经济发展的原动力更加强劲，且会产生蝴蝶效应，使非极化地区的经济发展迅速启动，产生很好的区域经济联动发展势头。

4.2.2　开放型区域经济对港口物流的作用

经济腹地不同于中心城市和经济中心，它是一个地域范围，该范围内的所有经济发展都将受到经济中心辐射影响，其范围大小也是由经济中心的吸收和辐射能力决定的。港口作为经济中心和交流窗口，可以为其腹地的开放发展提供各种便利条件，而强劲的腹地经济亦能反过来促进港口的发展。可见，经济腹地和经济中心互为依托，二者相辅相成。口岸城市是沿海开放经济发展主平台，发展好港口城市也成为提升港口竞争力的必要条件。

港口物流发展需要区域经济增长带来的大量产品和机遇。经济发展可以带动大宗产品的进出口贸易，而这些主要通过港口完成，所以区域经济产业结构与发展水平均与港口吞吐量关系密切。目前，河北省已形成了包括秦皇岛港、唐山港、黄骅港在内的具有初步优势的港口群，港口物流的强势发展正在带动区域经济的繁荣和开放。河北省港口物流发展必须满足区域内经济增长的需求，而区域经济发展政策、水平、结构等因素也不断引导和制约着河北港口物流的发展方向。

区域基础设施建设为港口物流发展空间提供保障。伴随着区域经济的迅猛发展，日益完善的区域基础设施建设为货物的多式联运、快速中转提供了便利条件，保证了港口物流的持续发展。区域经济增长为港口物流活动提供的相关服务也是不可或缺的。区域经济增长会带动本地通信、金融、交通等行业发展，同时也会吸引一批优秀的人才、资金、企业集聚，这是河北港口物流获得迅猛发展的必要条件，与其发展前景密切相关。由此可见，区域经济发展的支持是河北省港口物流及其相关产业发展的有力保障。河北省开放型加工制造业的发展壮大，可以降低对原有资源型产业的依赖程度、调整优化产业结构，还能通过适箱货物生成量的增长带动集装箱码头发展，推进本地港口的功能升级，构建与国际贸易紧密相关的运输、配送、仓储等有机结合的国际供应链。

从国家发展战略角度出发，以资源性和能源性商品为主的大宗散货具有广阔的发展前景。河北省港口业务以大宗散货为主，增长空间很大，且其腹地的资源非常丰富，这为河北港口发展提供了直接便利。河北省港口的间接腹地经济发展水平相对落后，外向型程度低，这就决定了这些地区在开放经济发展方面存在较大上升空间，能为河北港口发展提供隐性的后续保证。

4.3 河北省港口物流与区域经济协同共生的实证检验

临港经济区是河北省区域经济发展的绝佳平台，区域经济的繁荣也会刺激港口物流需求，从而对其发展起到推动作用。区域经济整体发展水平、产业分布、对外贸易等都与港口物流密切相关，但因为两者同时具有的动态与不确定性，决定了其协同共生关系是一个复杂的灰色系统。下面选取相关港口物流指标及区域经济指标，借助灰色关联度模型来印证河北港口物流与区域经济之间的协同共生关系。

4.3.1 指标体系和基本数据

区域经济与港口物流都属于复杂经济系统，它们之间的关系也极具动态性与不确定性。为了更好地研究两者相互促进、相互依存的协同发展关系，在保证科学性、可操作性、综合性、相关性原则的基础上，选取了以农林牧渔业（X_1）、建筑业（X_2）、工业（X_3）、邮电业（X_4）、金融业

（X_5）、全社会固定资产投资（X_6）、社会消费品零售总额（X_7）、货运量
（X_8）为代表的一系列经济指标与以港口货物吞吐量（Y_1）为代表的物流
指标作为研究对象。2006~2010 年的基本数据如表 4-1 所示。

表 4-1　2006~2010 年河北省港口物流与区域经济相关数据

年份	港口货物吞吐量 Y_1（万吨）	农林牧渔业 X_1（亿元）	建筑业 X_2（亿元）	工业 X_3（亿元）	邮电业 X_4（亿元）	金融业 X_5（亿元）	全社会固定资产投资 X_6（亿元）	社会消费品零售总额 X_7（亿元）	货运量 X_8（亿吨千米）
2006	33805	2466.37	1448.73	13489.80	641.57	12551.62	5501.00	3397.4	5157.40
2007	39962	3075.77	1614.69	17054.78	852.31	14355.59	6884.68	3986.2	5507.02
2008	44065	3505.23	2044.81	23165.38	1069.60	17709.02	8866.56	4991.1	5209.01
2009	50874	3460.93	2525.05	29453.22	1190.70	22361.37	12311.85	5764.9	5981.61
2010	60344	4309.42	3232.53	35807.41	1420.68	26099.00	15083.35	6821.8	7673.09

资料来源：河北经济年鉴 2007－2011。

4.3.2　评价模型

运用灰色关联度模型对其进行分析，主要通过对系统要素间关联程度
的量化比较，得到两者之间的关联度系数。该系数越大，说明其关联程度
越大，反之越小。因此，对于动态性较强的关系分析来说，灰色关联模型
能够对系统的发展态势提供量化的度量方法，准确性较高。

首先，要对参考序列和比较序列进行确定。关联分析的基础首先在于
参考序列的确定。一般情况下，参考数列 Y_i 由因变量构成，而比较数列 X_i
则由自变量构成。每个序列都是由不同时刻的数值构成的。以 Y_i 为例，将
第一个时刻的值用 Y_i（1）表示，第二个时刻的值用 Y_i（2）表示，以此类
推，第 k 个时刻的值用 Y_i（k）表示。因此，Y_i 就可以用如下公式表示：
Y_i =（Y_i（1），Y_i（2），…，Y_i（k））。同理，X_i 则可以用如下公式表示：
X_i =（X_i（1），X_i（2），…，X_i（k））。

其次，初始化处理原始数据。为了消除初始数据所带来的差异，需要
运用均值化、初值化、极差化等方法进行数据处理。这里采用均值化方
法，即首先对原始数据的各个数列求平均值，然后用原始数列的每个数据
分别除以这一平均值，用公式表示为：$X_i = X_i / \dfrac{1}{N} \sum_{i=1}^{N} X_i$，如此便得到新的

数列。最后，以这一新的数列进行关联系数的计算。

最后，对关联系数进行计算。其中，关联系数的计算公式为：

$$\xi_i(k) = \frac{\min\limits_i \min\limits_k |y_i(k) - x_i(k)| + p \max\limits_i \max\limits_k |y_i(k) - x_i(k)|}{|y_i(k) - x_i(k)| + p \max\limits_i \max\limits_k |y_i(k) - x_i(k)|} \quad (1)$$

其中，p 为分辨系数，取值范围为 $0 \sim 1$，一般取 $p = 0.5$。关联度的计算公式为：

$$r_i = \frac{1}{N} \sum_{k=1}^{N} \xi_i(k) \quad (2)$$

其中，N 表示序列中的数据个数，r_i 表示参考序列和比较序列的关联度。

依据公式（1）和公式（2），结合表 4 – 1 中的原始数据，计算出河北港口物流与区域经济协同发展的关联度矩阵为：

$$R = |0.893, 0.868, 0.701, 0.652, 0.885, 0.825, 0.732, 0.906|$$

从计算所得的关联矩阵结果可以看出，河北港口物流和区域经济发展的指标有高度关联性，最大值为 0.906，最小值为 0.652。其中与港口物流关联度最大的是货运量、农林牧渔业和金融；其次是建筑业和全社会固定资产投资；最后为社会消费品零售总额、工业和邮电业。

根据关联度结果显示，与河北港口物流关联度最大的为货运量，其值为 0.906，说明近期河北港口物流拥有较大的货运量，相应地就会增加货源需求量，它们之间是一种相互促进的关系。农林牧渔业与河北港口物流的关联度为 0.893。河北省作为农业大省，一方面，农林牧渔业的发展会促进农产品对外贸易的快速增长，推动港口物流的发展；另一方面，河北港口物流的发展也为农业对外贸易的发展奠定了坚实基础。金融与河北港口物流的关联度为 0.885，说明金融可以为港口物流的发展提供资金支持，同时，河北港口物流的发展也带动金融业的繁荣。

建筑业、全社会固定资产投资与河北港口物流的关联度分别为 0.868、0.825。房地产的发展浪潮有力推动了河北省建筑行业的发展，使得相关建筑材料需求量逐渐增多，无形中增加了对河北港口物流的发展需求。另外，河北港口物流的发展也为建材的运输提供了更多便利。同时数据显示，河北省港口物流的发展与全社会固定资产投资也有较大关联度，存在正向发展关系。根据研究结果，社会消费品零售总额、工业和邮电业与港口物流的关联度比较低，说明河北港口物流需要在这些方面加以提高，以促进港口物流的有效发展。

4.4　河北省港口物流与开放型经济互动发展的对策建议

4.4.1　发展服务腹地产业的特色物流

　　河北港口腹地范围覆盖极广，除了北京、天津、河北外，也涵盖了山西、内蒙古等省区，它们主要出口资源性初级产品。根据各腹地区域经济发展的不同特点与发展要求，河北港口可以提供不同的特色物流业务。一方面，北京市电子信息、汽车等工业密集，其相对于河北港口的物流需求主要表现为集装箱货物运输，并且在起步落后的大背景下，集装箱运输业务仍待进一步提高和完善。另一方面，虽然河北港口中西部腹地区域经济发展水平不高，但拥有丰富的煤炭、金属等矿产资源，主要体现为资源输出型经济，需要经过港口输送大量的矿产资源，并且腹地内发达的钢铁、石油化工等工业也需要长期进口矿石等资源。因此，腹地经济发展是河北港口物流发展的重要依托和后盾。在对港口资源进行有效配置的基础上，应大力推进集装箱运输，稳步发展原油、铁矿石及其他散货，充分发挥区域特色物流优势，促进区域经济的协调发展。

4.4.2　提升港口物流信息化水平

　　现代化港口发展的重要要求之一就是拥有科学、高效、适用的管理信息系统。在未来，港口之间竞争的焦点将从传统的物流业务类型与港口吞吐量的比较，逐渐过渡到能够满足客户需求实时追踪查询的电子信息技术平台之争，它能够实现信息的"桌到桌"传递，使港口物流运营过程逐渐透明化。所以，为进一步提高河北省港口物流的自动化与信息化水平，应该建立完善一个集电子数据交换、条码技术、电子射频技术、自动订货系统、全球定位系统于一体的港口物流信息平台，整合各个系统与环节的物流信息，增强港口物流作业的开放性、稳定性与实时性。在推进河北港口信息化建设的过程中，应重点加强堆场、码头、运输公司、货代、船代等物流链信息建设，并从自动化装卸设备、物流单证标准化、物流信息交换等方面入手提高作业自动化与信息化程度，进而提高河北港口物流的工作效率。另外，口岸信息资源与全场信息系统的互联也是很有必要的，便于海关、查验等部门在业务上进行"一站式受理"，提高通关效率，打造现代化港口物流枢纽。

4.4.3　拓展河北港口物流服务范围

港口物流的核心竞争力已经经历了从成本差异到质量竞争，再到服务竞争的过程，而物流服务又是服务核心竞争中的最重要部分。港口物流服务的本质是解决港口资源的优化配置，主要是在传统业务中增加增值业务并实现物流资源的合理利用。近年来，我国沿海港口的功能不断完善，已经完成了从门户港到枢纽港的转变过程，迅速与世界接轨。因此，河北港口也应该不断提高自身的物流服务能力，大力开展第三方物流业务，积极成立提供国内外物流服务专业公司，以港口集疏运的主要货种为主，将港口主要功能逐步扩展到运输、装卸、拆装箱包装、货物集散、信息、贸易和旅游领域，以期在激烈的市场竞争中获取专业优势。同时，港口外也具有丰富的物流资源，因此，河北省港口物流无须进行额外投资建设，只需将主要精力放在多式联运解决方案的制定、执行上。

4.4.4　为协同发展提供金融保障

区域经济发展与港口建设都要以充足的资金投入和分配为前提。目前金融市场体系为保障经济建设提供了多元化的投融资渠道，同时为了提高投融资效率，保障金融市场的规范运行，科学严谨的金融运行机制是很有必要的。为了满足区域经济健康增长与河北港口物流的稳定发展的融资需求，必须进一步发展金融业，保障金融活动秩序，拓展金融服务功能。以曹妃甸港为例，如果曹妃甸拥有发达的银行、保险、投资等金融系统，就有可能吸引更多的国内外投资，从而带动临港地区及工业区内相关产业的集聚与发展，也能使企业降低投资风险，使更多企业落户曹妃甸工业区，从而形成一种良性的产业循环。

4.4.5　建立区域经济合作组织

对河北省港口与腹地经济来讲，区域经济合作组织是它们互动发展的有力支撑。区域共同市场的形成，是沿海与腹地经济进行互动的基础和重要保障。当前，河北省已认识到城市间合作对经济发展具有重要意义，因此，河北中部地区的城市间已经开展了积极的互助协作，而它们之间的这种合作仍然以网络性的区域内协作为主，具有非典型性的协作特点，就是以城市为中心，依据一项或多项功能实现的局部性协作。伴随沿海经济带影响范围的逐渐延伸，城市合作组织的建立是必然要求和趋势。它能促进城市区域间综合和全面的协作和管理。通过合作组织对整个区域公共事务的协调，最终实现市场对整个区域的主导作用，使原材料、人力和资金等资源均实现有效的配置，使区域内的环境、社会、经济产生的整体效益实现最优化。

4.4.6　加强港口集疏运体系建设

建设港口集疏运体系的作用主要表现在两方面：一方面，扩大港口货源地的辐射范围，为港口规模化运营提供充足的货源提供保障；另一方面，为腹地区域货物的出口开辟畅通的渠道，加强腹地区域运输的便捷性，减少成本，对腹地区域经济全面发展起到重要的推动作用。随着经济全球化步伐的加快，港口对经济的影响力也在逐渐提高，区域能否在经济全球化的大环境中施展自己的能力，将直接受到地区与港口间的连通性的影响。除此之外，河北港口群在近洋和远洋上的运输能力也尤为突出，从而急需增加货源和扩展港口腹地，确保港口的有效运营及长远发展。提高和腹地集疏运体系相匹配的速度，有助于推动产业转移、加快河北地区产业的进一步升级、提高港口与腹地衔接的紧密度。

4.4.7　根据腹地范围及产业需求谋划港口定位

城市处于运输中心、"信息平台"的位置，其信息网络、交通运输业的发达程度对港口规模大小以及纵深程度起到决定作用。而城市的发展水平以及经济影响力的大小，对港口的规模及其腹地的大小都会产生间接影响力。因此，进行港口建设及规划定位时，应尤其重视港口所处城市在经济上的实力，以及它在此区域范围内的整体发展水平。港口腹地的大小和所拥有的产业规模与结构，又影响了此腹地所创造的生成量程度。所以，在港口建设之前，要对腹地的规模、其他运输方式的替代能力和其产业的规模与结构进行更精确的评价。

第 5 章　唐山市港口开发的历史渊源
　　　　与现实评估

　　当今的唐山港已经位列世界前十大港口，是近些年中国港口领域的新星。这个港口并不是拥有悠久历史的传统大港，虽然其全面开发始于 20 世纪 80 年代，应该说明显偏晚，但实际上唐山港的开发建设却有着一段权威和真实的历史渊源。本章首先将基于孙中山先生对"北方大港"的建设规划纲要，发掘和提炼孙中山的港口经济思想。对这段历史的考证既可以明确唐山港的开发背景，又可以为唐山港当前及今后的发展提供指引。本章的后半段将针对唐山港的发展现状进行解析，指出其有利条件和存在的问题，并提出相应的措施和建议。

5.1　唐山市港口开发的历史渊源——孙中山"北方大港"

　　孙中山先生曾在革命低潮期，于上海隐居期间写出了《建国方略》，其中第二部分取名《实业计划》。在《实业计划》中，孙中山设想在中国开发三个世界大港，分别取名北方大港、东方大港、南方大港，港口选址分别位于今天的唐山、嘉兴和广州。孙中山凭借多方搜集的资料和敏锐的洞察力为港口建设发展勾画了蓝图。孙中山兴筑北方大港的计划，曾于 1917 年 6 月在他所创办的《实业》杂志上单独发表。❶ 他的《实业计划》

---

　　❶ 1918 年年底，孙中山又相继提出兴筑东方大港、南方大港等计划，此外还设想兴建营口、海州、福州、钦州四个二等港。

全部发表后，立刻受到社会舆论的普遍赞扬和拥护，孙中山展示了自己所设想的振兴中华的宏伟蓝图和远景规划，表明了他对中国实现工业化、实现民族振兴的强烈渴望。

当然孙中山的这个庞大的发展计划在当时的社会背景、经济状况和科技水平等条件下，是难以实现的。然而，孙中山先生的港口经济思想，对于当今中国的港口开发建设仍有重要参考价值。可以说，没有任何一座港口能比孙中山为北方大港倾注的心血更多，寄予的豪情更壮，赋予的联想更丰富。

5.1.1 "北方大港"建设规划

1. 北方大港的自然区位优势

孙中山认为，应该"建筑不封冻之深水大港于直隶湾中"。他邀请英、美测量队进行实地勘查，最后确定了北方大港的最佳港址为大沽口、秦皇岛间海岸岬角上——具体地点就在老来湾西侧的胡林湾。若将清河、滦河两淡水远引开去，以免就近结冰，使为深水不冻大港，绝非至难之事。而且此港能借运河与北部、中部内地水路相连。孙中山认为，秦皇岛、葫芦岛两港不具备借运河与北部、中部内地相连的条件，"以商港论之，现时直隶湾中唯一不冻之港，唯有秦皇岛，而北方大港计划港址则远胜秦皇和葫芦两岛矣"。孙中山认为，该地为直隶湾中最近深海之一点，所在地距深水至近，离大河至远，而无河流滞淤填积港口，如黄河口、扬子江口时需浚泄一类的自然之屏障，在此可免；又为干燥平原，民居极鲜，人为屏障丝毫不存，建筑工事尽勘如我所欲。在这个地方兴筑北方大港，发展港口都市，是最佳选择。

当时，直隶湾中有四个港口已经启动，有的已经屡经设计，有的开始建设，有的只是开始议筑，有的已经筹商兴筑。第一，大沽口港。该港因为属于淤泥质海岸，所以清淤量极大，费用极高，多年以来对于浚渠大沽口的流沙，制订过不少方案，但都收效甚微，因为地质条件的限制，难以取得大的发展。第二，歧河口港。该港属于议筑阶段，亦属淤泥质海岸，地质条件较差，尤其是浚渠负担较重，难以进行大规模兴筑。孙中山认为，以上两个港址"距深水线过远而淡水过近（位于海河入海口），隆冬即行结冰，不堪做深水不冻商港之用"，所以不是北方大港的理想港址。

第三，秦皇岛港。该港位于直隶湾东部突出的岬角上，腹地只是个依托港口而兴起的小城，经济欠发达，人口不够密集，资源不够丰富，当时该港只是小规模建设。第四，葫芦岛港。当时该港已经筹商兴筑，但地理位置偏远。孙中山认为，上述两港的主要缺陷是"与户口集中的辽隔，用为商港，不能见利"。所以，也不是北方大港理想的港址。

2. 北方大港建设的具体构想

孙中山先生打算在有限时期内发达此港，使之与纽约等大。孙中山之所以把北方大港规划为与纽约等大的中国最大商港，是因为当时的纽约港是世界第一大港，其直接腹地是纽约与新泽西州，工业产值占美国的十分之一。其间接腹地东起缅因州，西至威斯康辛州与伊利诺伊州，共十四州，是美国的传统制造业地带。在 20 世纪上半叶，这里集中了美国三分之二的制造业工人和四分之三的产值。纽约作为美国主要的海港，一度支撑了美国外贸海运量的四成。孙中山打算把北方大港建成中国第一大商港，主要依据是：北方大港所襟带控负之地和供给分配区域比纽约要大。第一，此地西南为直隶、山西两省和黄河流域，人口之众为一亿；第二，此地西北为热河特别区域及内蒙古游牧场之原，土旷人稀，急等开发；第三，以直隶生齿之繁，山西矿源之富，必赖此港为其唯一输出之途；第四，倘将来多伦诺尔（今内蒙古自治区多伦县）、库伦（今蒙古首都乌兰巴托）间铁路完成，以与西伯利亚铁路联络，则中央西伯利亚一带皆视为最近之海港，必将成为欧亚路线之确实终点，而两大陆予以连为一气。

为了以北方大港辐射"三北"，孙中山还详尽规划设计了西北铁路系统，以实现连接欧亚大陆的功能。这里所说的西北铁路系统，是指从北方大港直通中国西北极端，以此作为主干铁路，然后再设计多条支线铁路，从而达到带动和辐射"三北"的任务。这条连接欧亚大陆的主干铁路线，起自北方大港，经滦河谷地，以达内蒙与直隶交界的多伦诺尔，穿越库伦、乌里雅苏台、迪化（即今新疆乌鲁木齐）抵达伊犁。经始之初，即筑双轨，以海港出发点，以多伦诺尔为门户，以吸收沙漠平原之物产，开发封蕴已久之资源，而由多伦诺尔进展于西北。

3. 北方大港建设计划的中断

孙中山不仅对北方大港兴筑作了宏观计划，而且作了具体设计。孙中山一共为北方大港设计了四张图纸，第一张就是北方大港区位图，清楚地标明该港的位置在唐山地区乐亭县王滩镇南部沿海,即今天的唐山港京唐港区所在地。每个设计细节所体现的精心细致,令人惊叹。孙中山逝世后,国民政府华北水利委员会于 1929 年成立了"北方大港筹备处",并派测量队开展实地勘测、制订规划大纲、编制工程概算。北方大港筹备处的成立及其采取的行动,为实现孙中山第一实业计划带来了实质性进展。但是,由于巨额资金无从筹措、连年战争伤害,所有计划都成为空文。国际国内政治环境和当时的经济条件,决定了"北方大港"只能是一张美好的蓝图。正像 1919 年 5 月美国商务总长刘飞尔从华盛顿给孙中山的复函所说:"阁下所提计划如此复杂,且其中多数在初期若干年内不能偿还所投利息与经费。故而,其必要之债所需利息如何付清,实为第一须解决之问题。以中华民国收入负担现有国债,利息太重。则今日似必要将此发展计划限制,以期显有利益足引至私人资本者为度。"总之由于种种历史原因,长期以来,北方大港一直是人们心中的幻影。

5.1.2　孙中山港口经济思想:归纳与启示

孙中山先生上述"筑港修路"计划,仅是他发展交通的一个基础部分。孙中山先生的雄心不可谓不大,理想不可谓不高,筹划不可谓不周,强国之心不可谓不切。至今读来,仍不能不使人无限鼓舞。孙中山先生提出这些实业计划已经接近百年了,拿现在情况来比较,从具体项目上看,有的已超额完成,有的已有发展,有的因情况变动已不再适合了。如果说体现在建港计划中的具体项目设计,很多设想已经实现,有些则已失去时效,那么体现在建港计划中的经济思想、科学精神与指导原则,无疑具有长期价值和深远影响,值得去总结提炼。

1. 基于港口战略地位构建开放经济体系

孙中山先生"交通为实业之母"之说,应是至理,不可不严遵而笃行。在"实业计划"的六大计划中,第一至第四计划均是以交通建设为主体的,可见交通事业在孙中山心目中的突出地位。孙中山先生特别重视建设外向型的运输大通道系统,三个世界大港在实业计划中居于核心地位,"以为世界贸易之通路","海洋交通之枢纽"。孙中山先生的交通布局以三个沿海大港为枢纽,是个四面八方通向世界的全方位开放型布阵,完全合乎中国经济国际化及国家安全需要,仍应为当前努力方向。并且在港口建设中，孙中山试图大规模利用外国资金、技术和人才以"发展中国之富源，补救各国之穷困"，但他非常清楚："唯发展之权，操之在我则存，操之在人则亡。"也就是说，基于港口战略地位构建的综合运输条件需要积极吸引国外资本的投入，但在此过程中必须注意港口产业安全。中国在改革开放以后也将外资作为基础设施发展的重要资金来源，而港口则是基础设施中最早对外资开放的领域之一。《港口法》将港口建设经营列为鼓励外商投资的项目，并在投资比例方面取消限制。开放型经济意味着国内市场和国际市场的接轨，为满足不断增长的市场需要，就需要放松进入规制，营造开放和自由的环境。但是这并不意味着国家和民族利益就逐渐淡化，实际上港口等战略性基础产业的安全问题在全球化环境中变得更加紧迫。在放松对外资进入限制的同时，对可能造成的垄断行为以及引起的对港口产业安全的威胁必须清晰识别，同时采取相应的规制措施。

2. 港口开发需依托广阔的陆向经济腹地

孙中山在分析北方大港时认为："中国该部地方，必须如是海港，自不待论。直隶、山西、山东西部、河南北部、奉天之一半、陕甘两省之大半，约一万万之人口，皆未尝有此种海港。"显然，孙中山规划兴筑北方大港的目的是辐射东北、华北和西北相对封闭却又资源丰富的广大地区。沿海港口与内陆腹地互相依存，相辅相成。经济腹地是港口赖以生存和发展的基础，任何港口的发展建设必须以腹地范围的开拓和腹地经济的发展为后盾，港口的发展可被看作对其腹地或市场区域经济要求的回应。腹地作为港口城市赖以发展的基地，同样制约着港口的发展。任何一个港口城市，如果其腹地的空间范围广大、经济发展水平较高，港口规模也就大一些。因此，腹地分析是港口各项发展规划制订的必要前提。

3. 各类型集疏运方式一体化集成配套

孙中山在谋划北方大港建设时，非常注意各类型集疏运方式的综合配套，以避免互成瓶颈。对于水运、铁路、公路等不同运输方式，提出了发挥各自优势，因地制宜布局，使之相互联络、补充，各种运输方式都能发挥作用的原则。如孙中山的修路计划甚为详备，共有七大铁路系统、106条线路，总长 77850 英里。其中西北（实为北方）、西南（实为南方）、中央等三大系统为纵向主干，均起终于北方、南方、东方三大海港，东向太平洋，通过海洋与世界相通，并直贯东西，旁及南北，通过陆路与亚欧各国相连。同时，孙中山又提出了开浚运河用以联络中国北部、中部通渠的北方大港水路系统的宏大计划。孙中山依据美国密西西比河及荷兰开发运河的经验，提出了用运河水路联络北方大港及治理黄河及其支流、陕西的渭河、山西的汾河以及相连运河的发展规划。如若得以实现，那么甘肃与山西、陕西两省，则能循水道与所规划的北方大港联络，而以上偏僻之省的矿材物产均可以得到廉价运输。集疏运系统的配套建设在现代港口建设中占有重要的先导地位，位于孙中山所说的北方大港位置的唐山港京唐港区在 20 世纪 80 年代末动工时，就同步配建了连接海港与铁路干线的坨港铁路。

4. 以地主港模式为核心的投融资体制

孙中山拥有将交通建设与房地产开发相互促进、以土地有偿使用作为重要资金来源的思想。孙中山在《建国方略》"北方大港"段写道："今余所计划之地，现时毫无价值可言，假令于此选地二三百平方米，置诸国有，以为建筑将来都市之用，而四十年后，其发达程度即令不如纽约，仅等于美国费城，吾敢信地值所涨，已足偿所投建筑资金矣。"其主要构想是先把将来商港的土地，由政府用很低的现价收置，使地价因社会工商业的改良与发达而增长的利益为公众所得，用以支付巨额建港费用。三大港口的建筑计划，所需的费用十分庞大。孙中山认为周边土地价格因港口的建筑、交通的便利而增加，应当将此部分的利益由国家统筹分配，以支付这个庞大计划。这实际上就是现今在国际范围内非常流行的地主型港口模式。港口对于周边邻近地区的经济发展具有很大的促进作用，正外部性十分显著。港口的作用不仅体现在运输方面，而且会成为区域经济增长极。在地主港模式下，土地增值的收益将几乎不再溢出至社会其他成员。由于具有公共性质的港务当局拥有周边土地的开发使用权，所以外部效益将转化成港务当局的收入，从而化解资金困境。

5. 海域岸线科学规划选址与统筹开发

孙中山依据中国国土方位、地势地形、资源赋存状况和生产力分布格局，布列铁路、港口网络，符合经济规律，具有很高的科学性。孙中山于详议开发计划之先，提出必当留意四原则，即："必选最有利之途以吸外资；必应国民之所最需要；必期抵抗之至少；必择地位之适宜。"该四项原则在当今港口规划选址时仍不失重要指导意义。孙中山精心绘制的北方大港全景图将港口船埠区划分为内港区、出海口、灯塔区、淡水加注区等。在都市生活区中设置了小船停靠港区，既可以从这里驶向外海，又可以进入市区，是连接海洋与市区的唯一停泊地。规划的工业制造区不仅有船舶工厂，还包括修理厂和制造厂。邻近的海中岛屿被设计为风景旅游区，岛与岛之间以桥梁连接，可以作为夏季避暑区，为商港都市平添独特而优美的风光。上述设计明确地表露出孙中山对港口海域岸线进行统一安排、全方位推进深水港址资源集约开发的理念，以避免本位考量和功能冲突。

北方大港的设想在今天看来也是很有胆识和气魄的，但是受实际情况和财力限制，一些计划是不现实的，对一些具体细节的设计过于乐观。经过整体考证，孙中山的港口经济思想中有很多有价值的观念，需要进一步深入研究参考。对于其具体要点，还应该辩证地历史地看待，应结合实际环境的演变，而不拘泥于细节倾向。比如，当初对北方大港与渤海湾中邻近港址的比选，情况就发生了很大变化。由于全球气候变暖，周边各港基本都成为不冻港；由于运河干枯，各港都无法通过运河水系沟通中西部省份。位于北方大港区位的唐山港京唐港区经过二十多年的建设已逐渐成熟，2013 年货物吞吐量达到 2 亿吨，在规模上已经超过现在的纽约港，但显然还应有更高、更全面的奋斗目标。总之，孙中山的港口建设宏愿虽然初衷是经济振兴，但由于受所处条件和时代背景的约束，难免存在一些局限。尽管这样，孙中山致力于强国富民的精神和敢为天下先的勇气仍值得钦佩。

5.2　唐山港发展现状描述及剖析

港口竞争力是港口在竞争与发展的过程中，通过对自身要素的整合、优化以及对社会资源的合理配置，相对于其他竞争对手所表现出来的生存能力和持续发展能力的总和。国际通行的衡量港口竞争力的指标很多，以下结合唐山港的实际情况，从自然条件、腹地经济实力、集疏运条件、政策环境、管理服务水平、发展模式、人才支撑等方面进行分析。

5.2.1 有利条件

1. 自然和区位条件优越

唐山港现有京唐、曹妃甸和丰南（尚在建设中）三大港区。京唐港区，位于唐山市东南 80 千米，是京津冀港口中距渤海湾出口最近点，码头和航道等级均达到 20 万吨级；曹妃甸港区，水深岸陡，长年不冻不淤，深槽达 -36 米，不需开挖航道和港池即可建设 30 万吨级大型泊位，是环渤海 5500 千米海岸线上唯一的天然"钻石级"深水港址，完全可以满足船舶运输大型化的要求。曹妃甸 -20 米以上的锚地就有 4 个，甚至进出天津港的船只也可以使用曹妃甸的锚地。

2. 腹地支撑有力

作为直接腹地，唐山是河北第一经济强市，具有相对完备的工业体系和较强的经济实力，是我国重要的基础能源、优质建材、精品钢材、装备制造产业基地，工业品产出和原材料需求巨大，对港口发展可提供有力支撑。此外，唐山拥有 229.7 千米海岸线背后的 1100 多平方千米可利用土地，这些土地相对集中且属于工业用地，开发成本低，便于统一规划开发，预期可以创造 2 万亿~3 万亿元 GDP。据调查，在以曹妃甸港为中心的 500 千米范围内，涵盖了辽宁大部，内蒙古赤峰、锡盟一线，河北省全境、山西大同、朔州、忻州、阳泉，河南安阳、鹤壁，山东全境和京津地区，GDP 总值达 14.31 万亿元，占 2012 年全国 GDP 总量的 27.6%。本区域内包含了全国主要的铁路、公路、航空交通网络，蕴含着大量的自然资源。若从曹妃甸港向外辐射 1000 千米，则能覆盖全国 18 个省市（自治区），经济总量占到全国的 74.1%，并能辐射到蒙古国东部及俄罗斯远东部分地区，腹地拓展潜力不可估量。

3. 发展基础扎实

一是港口设施较为完善。京唐、曹妃甸两个港区已建成件杂、散杂、多用途、集装箱、矿石、煤炭、原油、水泥、纯碱、液化石油气、液化品及通用散货等 1.5 万~20 万吨级泊位 101 个，年设计通过能力 38239 万吨；码头和航道等级均达到 20 万吨级；"十二五"期间，将新建生产泊位 42 个，新增港口通过能力 25474 万吨，集装箱 90 万标箱。二是港口发展优质要素正在聚集。京唐港和中远集团已经建立了战略合作关系，合作共建的大型货场已经落成。三是集疏运体系正在完善。京山、京秦、大秦等国铁干线东西贯通，唐遵、卑水、汉南、滦港与京山线、京秦线接轨；唐港公路、滦港公路、环渤海公路三条高等级公路与京沈、唐津、唐港高速和沿海高速、唐承高速在唐山境内汇成"X＋O"型的高速公路网。此外张唐铁路预计 2015 年竣工，唐曹铁路、水曹铁路在 2014 年动工。

4. 战略地位突出

河北沿海地区发展规划已经上升为国家战略；习近平总书记对唐山市提出了"三个努力建成"具体要求；河北省正在举全省之力将唐山曹妃甸打造成新的增长极。这些因素的汇聚，使唐山港的战略地位十分突出。

5.2.2 不利因素

1. 体制机制问题

第一，在经营模式上，突出体现在唐山市辖区内的"一港三区"目前处在各自为政、各自为战状态，且不同港区开发管理模式迥异。如京唐港区采取的是以唐山港实业集团和唐山港集团股份有限公司为主导的统一经营管理的模式，曹妃甸港区则采取了多业主开发经营模式。丰南港区采取了由丰南区委区政府主导开发的管理模式。

第二，在行政管理体制上，唐山市港口管理的行政职能部门在交通运输局（同时挂港航管理局牌子）设有港口规划管理处、航运监督管理处和港口危险货物管理中心、唐山港引航站 2 个直属事业单位，负责港口和航运管理工作。此外，市发改委口岸处（唐山市人民政府口岸办公室）也担负港口的部分管理协调职能。管理机构不独立，导致管理效能的弱化和效率的降低，制约了对港口发展的规划、管理和服务。

第三，在企业产权管理上，存在着管辖主体多元，且面临"三世同堂"问题。如河北港口集团属省国资委管辖，唐山港实业集团、唐山港集团股份有限公司归市国资委管辖，曹妃甸港口有限公司归曹妃甸区财政局国资办管辖。

第四，在通关管辖权上，存在主体层级不一，与港口发展不匹配问题。如京唐港区海关归唐山海关管辖，曹妃甸港区归石家庄海关曹妃甸办事处管辖，层级较低，与唐山的大港地位不匹配，亟待理顺。

2. 港口发展重点层级较低

唐山港与部分沿海港口对比分析如表5-1所示。

表5-1 2012年部分沿海港口对比分析

港口	吞吐量（万吨）	集装箱（万标箱）	外贸（万吨）	港口与港产、港城联动发展模式	腹地经济支撑		支持政策
					直接腹地	间接腹地	
宁波港	74400	1567	52080	好	好	好	力度大
大连港	37400	806	10017	好	好	好	力度大
营口港	30107	481.5	3010	好	一般	好	力度大
厦门港	17200	720.17	8047	较好	较好	好	力度大
唐山港	36458	40	17000	一般	好	一般	力度小

从表5-1中不难看出：唐山市港口吞吐量虽然较大，但集装箱业务发展较为困难[1]。外贸吞吐量虽然也较大，但仅集中于铁矿石、煤炭等大宗原材料货物的进出口，缺乏加工贸易环节，这是导致唐山市港口功能单一，附加值低，港口与港产、港城联动性不强的主要原因。

3. 缺乏系统性的政策支持

唐山市至今尚未出台过一个支持港口发展的系统性扶植政策，现有政策支持往往是一事一议，缺乏稳定性和连续性；大连、厦门、宁波等地在集装箱产业发展前期都出台过相应的政府补贴政策，对港口集装箱业务快速发展产生了重要的推动作用。

4. 周边港口挤压效应

唐山市周边天津港、营口港、大连港、秦皇岛港，都把铁矿石、煤炭、原油、集装箱作为主要发展方向，功能定位与唐山市港口基本重合，货源趋同、腹地交叠，面临着同质化竞争，对唐山港造成的挤压效应不容忽视。

5. 地域发展空间不足

主要体现在对港口和临港产业的未来发展考虑不足，临港土地使用不合理。从全国大的发展形势看，唐山市以曹妃甸为龙头的沿海地区，未来将面临非常大的发展机遇，主要制约因素将是临港产业用地，而如果没有足够的临港产业发展空间，机遇就无从落实，势必会影响唐山市跨越式发

---

[1] 2013年唐山港共完成73万标箱，在全国沿海港口中排名仍然靠后。

展目标的实现。如海港开发区前期规划面积过小，陆域空间对项目的支撑能力不足，导致目前就地发展临港产业的土地空间已所剩无几，有些好的项目无法落实。

6. 专业人才短缺

凡是港口发展比较好的城市，都有雄厚的港口人才储备，如大连市有大连海事大学，厦门有集美大学，宁波市与国内两所海事大学紧密合作形成梯次人才培养模式。相比较而言，唐山市对港口专业高端人才的培养和吸引能力较差，尤其是具有世界眼光、熟悉国际化港口管理经验的高级专业人才数量严重缺乏，与打造北方大港的需求不匹配。

5.2.3　对策建议

1. 真正把"以港兴市"作为城市发展的首要战略

据权威部门调查显示，目前世界上 36 个国际化大都市中，有 31 个是凭借港口资源优势发展起来的，当今世界十大经济中心几乎全部靠近大海依附口岸，"海港兴则产业兴，沿海兴则内地兴"。因此要高度重视港口发展，并将其作为建设沿海强市的引擎产业，突出港口在唐山经济发展中的引领作用，聚焦优势，把港口和海洋经济作为唐山经济发展新的增长点，在资金、土地、税收等政策上向其倾斜，切实发挥港口"壮大实力、提升活力、优化环境"的作用。

可组织相关部门尽快出台支持港口发展的系统性政策，在土地、资金、人才等方面给予倾斜，提高政策的公信力。如尽快落实河北省对集装箱发展的优惠政策，在港口建设费返还方面做到专款专用，对采用新能源（如 LNG）运输车辆的大型港口物流企业给予税收减免和财政补贴等政策支持。

2. 明晰港口定位

按照国家沿海发展规划，结合唐山市实际，唐山港要着力打造成为北方综合贸易大港。京唐港区要重点加强与北京、央企和三北地区合作，着力打造中国北方重要的国内外贸易出海口和集装箱枢纽港。曹妃甸港区要利用深水岸线资源优势，发展大宗原材料转运、服务临港重化产业，着力打造国际综合贸易大港。以岸线规划为重点，健全完善唐山市的沿海发展规划。为临港产业、临港新城发展留足空间，聚集要素，为港口、港产、港城协调互动发挥引领保障作用。

3. 加速要素聚集

第一，加速市场要素聚集。充分发挥曹妃甸综合保税区功能作用，吸引国内外有实力的企业和集团，参与曹妃甸的开发建设，提高港口发展外向度。曹妃甸港区要充分利用现有优势条件，积极申报铁矿石、焦炭、线性低密度聚乙烯等大宗商品交割库，完善港口的金融及贸易功能。京唐港区要充分发挥集装箱枢纽港这一功能，在航线开辟，集装箱港口建设，内陆场站建设等方面，加大开发建设力度，尽快形成港口引领、外拓内联的现代物流布局。

第二，加速政府资源要素聚集。借鉴先进地区港口发展经验，尽快建立政府与企业、政府与口岸联检部门的联动协调机制。打造网上办公平台，开辟港口重点项目建设绿色通道，尽快实现项目审批工作的"一站式"办理。建设网上报关平台，探索"一站式"大通关模式，实现政府企业、联检部门信息互联、互通、共享，提高通关效率，打造数字港口。

第三，加速科技与创新要素聚集。港口企业要按照信息化、智能化的标准，从更新现代化设备、提高装卸效率、狠抓精细管理入手，不断提升经营水平，打造一流效率港口；同时要积极探索组建港口财务公司、金融服务公司，为港口企业和业主提供金融服务，打造金融港口。

4. 加快发展集装箱业务

集装箱业务的快速发展事关港口核心竞争力，事关港产、港城联动，必须摆在突出位置，重点加以突破。鉴于唐山市京唐港区集装箱发展已具有一定规模，且处于环渤海湾的中心地带，集装箱主干港的地位初步显现，结合京唐港的功能定位，建议在"一港三区"实行普惠政策的基础上在资金补贴、项目建设方面给予京唐港重点扶持，促其率先突破，做大做强。

5. 完善集疏运体系

第一，加强与国内外港口和航运公司合作，增加在唐山注册的船公司数量，积极开辟海上航线，拓展腹地规模，建立完善的集疏运体系。依托国家规划，加快完善铁路、公路建设，打造辐射两个港区的综合集疏运枢纽，把铁路、高速公路延伸到港口最后1千米。

第二，积极发展以海铁联运为重点的多式联运，与铁路部门合作，尽早规划唐山海铁联运集装箱中心站和港口支线的建设，开通到张家口、北京、内蒙等地的集装箱班列。

第三，配套建设集疏运场站，大力发展临港物流产业。建议参照唐山市在曹妃甸给予相关城市的"飞地"政策，按照对等交换的原则互为"飞地"，由政府出面在相关城市为港口集团寻求土地资源用于无水港的开发建设，以拓展唐山港口辐射范围。

第四，保障公路运输体系的顺畅。加强道路建设规划和公路维护管理力度，合理调整高速公路收费站设置，规范港区内外的集疏运治理环境，营造顺畅的公路运输通道。

6. 加速港口、港产、港城联动

一是借鉴先进地区经验，对唐山市"一港三区"规划进行完善。本着结构合理和相互协调的原则，把临港经济区规划为几大功能板块。可借鉴大连太平湾的经验，将临港工业区从空间上划分为港口区、产业区、物流区，辅助以配套的居住区、旅游区和生态区，真正实现港口、港产、港城一体化发展。二是要充分发挥港口企业的主体作用，统筹岸线资源开发。让有实力的港口企业成为港口开发和建设的主体，使企业在港产开发、港城联动方面发挥主力军作用，以实现对沿海港口的"四统一"管理，形成以港促产、以产带港、以港兴城的良性互动局面。

7. 建立完备的人才支撑体系

一是眼睛向外看，吸引人才。当前要着力引进港口发展的各类高端、成熟型人才。二是眼睛向内看，培养人才。在河北联合大学位于曹妃甸生态城的新校区开办港口相关专业，设立港口航运与海洋学院，培养高级专门人才。同时要鼓励港口企业与研究咨询机构、大专院校进行资本与技术的融合，产、学、研相结合发展。加强职业教育和职工培训，提高港口从业人员的整体素质。

8. 推动体制改革和机制创新

借鉴宁波、大连、营口等地的先进经验，以资源、资本和产业链为纽带，对唐山市"一港三区"的港口企业进行整合，成立统一的唐山港务集团，享受省属企业的必要权利和待遇，由唐山市政府管理，解决唐山市港口企业隶属关系"三代同堂"的局面，达到"统一品牌、统一规划、统一建设、统一管理"的目标。

　　参考大连、宁波、厦门等地的经验，将具有港口行政管理职能的部门从交通运输局和发改委剥离，成立独立的港口行政管理机构，作为唐山市政府组成部门，统一管理港口全面工作。积极向有关部门呼吁，理顺海关、商检等单位的层级，完善上述部门驻港区办事机构的通关、审批等职能权限，使其与港口建设发展同步配套。

第6章 唐山曹妃甸港口、产业与城市互动发展策略

纵观世界经济发展史，港口在城市经济和区域经济发展中具有重要的战略地位。无论是英国、美国经济的崛起，还是第二次世界大战后日本经济的复苏，都与港口的迅速发展有着重要关系。目前，世界上超过千万吨吞吐量的港口80%以上集中在发达国家，而大部分发达国家和地区又集中分布在沿海、沿江地区。这些国家和地区通过港口集聚和扩散经济能量，以港兴城、以业兴港、以城兴港，从而成为区域经济中心。特别是在世界经济全球化发展的带动下，港口及港口城市逐渐成为引领所在区域经济加入经济全球化、参与国际分工的重要代表，港口已成为所在城市经济的重要发展资源和强有力的发展引擎。

6.1 研究背景、意义与概念界定

6.1.1 研究背景和意义

唐山市作为环渤海地区的沿海城市，从1988年开始就被国务院列为沿海对外开放地区。但长期以来，唐山市的核心竞争力和比较优势并非是沿海，而是其传统重化工业，唐山生产力重心在沿海的比例非常小。直到党的"十六大"提出"今后近二十年，是我国经济加快发展、实现民族振兴的关键时期，也是环渤海京津冀都市圈提升整体经济实力，成为三北地区乃至全国经济高速发展引擎的战略机遇期"之后，努力培育京津冀都市圈经济发展的良好空间和加快建设新的经济核心区才成为河北人民的共识。

唐山也借此机会提出了建设"海上唐山"和"加快建设现代化沿海大城市"的目标。

2003 年，河北省"一号工程"——位于唐山南部渤海湾西岸的曹妃甸项目拉开了大规模开发建设的序幕。2005 年 10 月，曹妃甸被列为国家第一批循环经济试点产业园区；2006 年 3 月曹妃甸被列入国家"十一五"发展规划。2008 年 1 月，国务院正式批准《曹妃甸循环经济示范区产业发展总体规划》。2008 年 10 月，经河北省委、省政府批准组建曹妃甸新区。2009 年 3 月，国家批准唐山暨曹妃甸为国家级信息化与工业化融合试验区。2011 年 11 月，包括唐山曹妃甸在内的《河北沿海地区发展规划》获国务院批准。10 年来，曹妃甸累计投入开发建设资金数千亿元。首钢京唐钢铁厂一期工程、华润曹妃甸电厂 2×30 万千瓦机组项目投产，首批纯电动公交客车下线，华电临港重工装备制造基地、中石油渤海湾生产支持基地等项目已经建成。

在看到曹妃甸建设成绩的同时，也不得不正视其存在的问题：港口功能比较单一、产业链条短、环境污染已经较为严重、城市职能欠缺、港口—临港产业—港口城市互动较弱等。这些问题不仅影响到曹妃甸区整体竞争力的提升，也影响到唐山市乃至河北省在环渤海区域中的位置。因此，必须充分利用曹妃甸港口的资源优势，提升港口功能的多样性，加快临港产业的集聚与协作发展，以及加快港口城市的建设并发挥其职能作用，从而实现"港口—临港产业—港口城市"（以下简称为"港—业—城"）的互动发展和竞争力的提升。

该问题的研究意义主要在于：第一，指导曹妃甸"港—业—城"互动关系协调发展。以"港—业—城"互动的基础理论为指导，在总结国内先进港口城市发展经验的基础上，分析其"港—业—城"互动关系所处的发展阶段和存在的主要问题，提出促进"港—业—城"互动协调发展的政策性建议，从而明确曹妃甸区未来的发展方向。第二，为我国其他港口城市实现"港—业—城"互动发展提供借鉴。近年来，我国许多沿海城市提出了"以港兴市、港城互动"的发展战略。通过对曹妃甸"港—业—城"互动关系的研究，可为沿海其他港口与城市的协调发展提供参考，有利于我国港城一体化建设的实施。

6.1.2　相关概念界定

1. 沿海港口新区

"沿海港口新区"类似于改革开放时期设立的经济特区和开发区，可以说是特定时期的一个概念。沿海港口新区目前都是依托沿海港口，因港口城市经济、社会的发展战略需求和统筹沿海资源的需要，经行政区划的调整和组合，经国务院或省级地方政府批准成立的行政单位。

沿海港口新区的兴起，与目前业已发展成熟的港口城市与港口之间空间距离较远有很大的关系（例如京津冀地区沿海港口与地级市主城区距离在 100 千米左右），从港口海陆双向物流、资金流、技术流和信息流的聚集效应看，不利于发挥港城互动作用。因此，沿海港口新区的出现，既是对港口和临港区域资源的综合利用和整合，又是为港口功能多元化发展创造良好的城市服务职能。从发展阶段看，目前国内的沿海港口新区发展既有相对成熟的，又有刚刚处于起步阶段的。如天津滨海新区就属于相对成熟的，而唐山曹妃甸区则属于刚刚起步的。

2. 港口经济和"港—业—城"互动模式

港口经济是指以优良港口及临近区域为中心、港口城市为载体、综合运输体系为动脉、港口相关产业为支撑、海陆腹地为依托，展开生产力布局，发展与港口密切相关的特色经济，以实现彼此间相关联系、密切协调、有机结合、共同发展，进而推动区域繁荣的开放型、优选型的经济模式。"港—业—城"互动模式，是"港口、临港产业和港口城市"三者集合体的简称，即通过相关临港产业链形成的分工与协作，使港口和港口城市以及腹地区域的经济有着很大的互动关联模式。

6.2　港口、临港产业和港口城市发展演变规律

6.2.1　港口发展演变规律

港口是具有水陆联运条件和设备的交通枢纽，是客货运输集散、贸易商品生产和交换的场所。随着世界经济的发展和海上运输方式的进步，港

口自身也得到不断的发展。而研究港口发展演变规律，一方面要考察港口运作方式的发展演变，另一方面要分析推动发展的原因和对港口发展产生重要影响的因素。

通过对港口运作涉及的运输货物种类、生产特点、服务方式和功能作用四个要素思维综合梳理可以看出，港口发展经历了货物运输集装箱化、港口物流现代化、港口服务网络化和港口功能多元化的路径。而推动港口发展的重要原因在于，全球资源和商品贸易的扩大和产业的分工模式的改变。具体而言，全球资源和商品贸易的扩大是因为资源分布的不均衡性和社会生产力的发展使得可供交换的资源水平数量和范围扩大。例如，世界上约66％的石油资源集中在中东地区，约90％的铁矿石资源分布在澳大利亚、巴西、俄罗斯等国家，其他的工业资源性原料如煤炭、有色金属等也都呈现出全球性分散、区域性集中的分布状态。

而综观全球国际贸易的货物种类及其运输比重可发现，石油化工、类液态和气态商品约占60％；煤炭、铁矿石等各类能源、原料类固态散状商品约占15％；其他件杂货类及可以采用集装箱方式运输的商品货物约占25％。因此，大宗资源品的运输导致船舶的大型化和港口泊位的深水化趋势。

国际化产业分工由本地垂直型向多地区水平型发展。即产业分工利用地区的土地成本、劳动力成本、原材料成本的差异和不平衡性，根据产品标准和市场需求，在世界范围内形成了原料供应、产品生产加工和终端消费的区域性产业分工和布局。例如，通过本国资本和技术的输出，在发展中国家投国家或中资地区建立产品生产基地（利用当地的土地和劳动力成本优势，而港口城市地区更具优势），从而实现最低的生产成本和最优的资源配置这种产业分工组织方式，一方面提高了产品生产地和消费终端地的关联，另一方面又增加了港口的产业功能类型，从而进一步优化了港口的综合竞争力。

综上所述，资源和商品贸易的扩大和产业分工模式的改变对港口的影响主要集中在两个方面：一是对港口运输相关技术条件的深化，如货物集装箱化、船舶大型化和码头泊位的深水化；二是对港口产业功能的深化，如港口业务的现代物流化，原材料从生产加工，配送营销，直到废物处理可以形成一条典型的物流供应链。

6.2.2 临港产业发展演变规律

临港产业是指地理位置毗邻港口，业务与港口关联，依托港口资源和运转优势而发展起来的有关产业部门。随着临港产业的发展，往往对所在地区的经济起到引领和带动作用，同时也为港口的正常运营提供必要的条件、设备和港航相关服务。

对临港产业的演变规律研究，从两方面入手：一方面是对临港产业发展的类型和过程进行归纳，建立港口与临港产业之间的互动关系；另一方面是对临港产业发展的路径进行归纳，从而建立临港产业和港口城市的互动关系。

首先，依据临港产业与港口的关联度，将其分为临港直接产业、临港关联产业和临港派生产业。其中临港直接产业是港口基本运输功能诱发的装卸业。而临港关联产业，指与港口的装卸主业有着前后产业关联的产业门类，前向关联的产业如海运业、集疏运业和仓储物流业等，后向关联产业如造船业、港口出口加工业和钢铁、石化等重化工业。临港派生产业则是与港口直接产业和港口关联产业的经济活动有关的行业，主要是服务业，如金融、保险、商贸服务和房地产等。

从临港产业的发展过程来看，后向关联产业和派生产业则是临港产业发挥的主导产业类型。这是因为，临港直接产业只是对货物进行了集散和空间位移，只参与了产品的流通环节，对港口产业来说，仅局限在交通运输、邮电通信和仓储服务等产业，而对所在城市和区域来说，没有提供高增值的产品。而临港前后向关联产业是依靠港口提供的运输货物中转集散开始，逐步发展适应本地区自然条件和社会条件的一般加工产业、深度加工产业和高新技术产业。由此扩大了种类货物的市场和物流，并且汇集了区域的资金、劳动力等资源。也就是说，通过产品的制造，可以提高产品的附加值并建立整合生产资料的平台。因此，临港产业对港口的发展而言，既拓展了港口功能的类型，又提高了港口功能的完善程度，进而又给自身发展创造了良好的环境。

然而，在临港产业向多元化和综合化的发展趋势下，不同临港产业会因为港口资源禀赋条件和港口城市的经济发展水平、政策制度等影响，呈现不同的发展路径。不同的发展路径主要有三种：以海运业为主导、以制造业为主导和以现代服务业为主导的发展路径。如长三角和京津冀沿海地区部分政府，通过产业政策倾斜和扶持，借助港口运输的资源、劳动力和土地成本优势，承接产业的转移，在港口地区形成临港制造业基地。因此，由以上对临港产业类型和发展路径的演变分析可以看出，临港产业成为国内外资源配置的重要枢纽，也是区域产业布局的重要空间载体。而港口资源禀赋条件、港口城市的经济发展基础和政策制度对其发展有重大影响。

6.2.3 港口城市发展演变规律

从港口、临港产业和城市三者的互动关联来看，一般港口城市的发展会经历港城初始联系、港城相互关联、港城产业聚集和城市自增长四个过程，见图6-1。

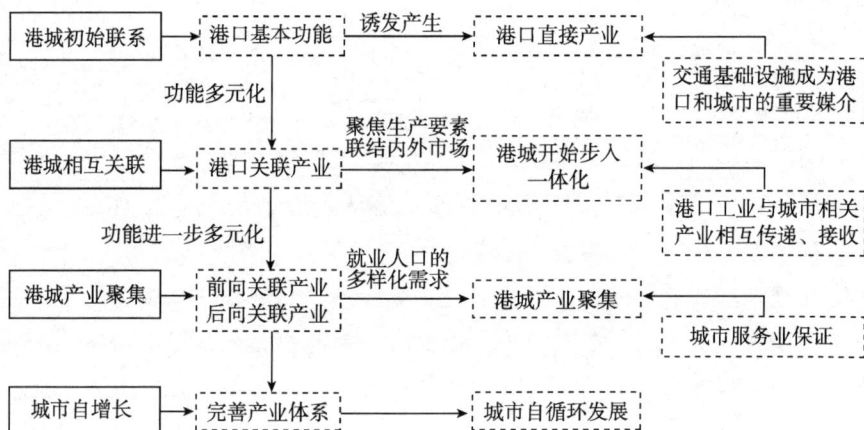

图6-1 港口城市演进过程

然而，对港口、临港产业和城市发展关系的阶段性作初步划分还仅仅抓住了一般性规律。正如前面临港产业发展类型中讲到的，临港产业既有轻重产业结合的类型，又有以重化工业为主导的类型，这导致港口城市的发展也趋向不同的类型。因此，结合临港产业的发展类型和港城在发展中呈现的规模特征，把发展业已成熟的港口城市划分为若干类型。总体而言，一种是临港产业主导的所谓"大港小城"型，另一种是由临港主导转向多元驱动"大港大城"型。前者在港口功能扩大时，城市发展并没有相应比例的成长，临港产业比重大，例如发展较为成熟的世界枢纽大港鹿特丹；后者是港口和城市一起平衡的成长，例如新加坡。还有一些港城仍在成长过程中，一种是临港产业在港口发展初期占据主导，但城市未来功能还在制订和谋划下的转型期港城，如韩国浦项。还有一种是目前刚起步的港口，例如唐山的曹妃甸，规划临港重化工业为主导的发展框架下对港口新城也寄予厚望的港城类型。

从港口发展、临港产业发展和港口城市发展的演变规律看，三者互为影响，见图 6-2。

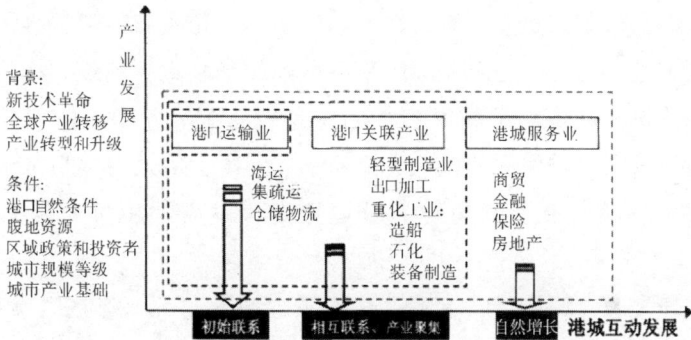

图 6-2 港口-产业-城市的相互影响

具体体现在：

第一，港口发展受自然条件（深水航道）、腹地资源（能源、原材料、土地、市场、集疏运条件）和区域政策和投资者等方面的影响。因此，港口条件的改造可以对港城发展起促进作用。一方面是基础建设的改造，如港口基础设施包括岸线利用，码头深水化建设等；另一方面是政策体制的优惠，如政府或企业主对港口的投资和建设。通过港口的运输，可以弥补和优化港口地区的资源种类，从而带动产业的发展。

第二，临港产业的发展也遵循产业结构的转型和升级规律，从港口运输的基本功能向制造业、生产性服务业发展的趋势明显。而发展的动力或者说依托的条件既包括港口自然条件或者改造后的优良条件，也包括优惠的政策和腹地城市的综合发展水平，例如腹地城市的产业转型和迁移。而且，临港产业也是调整港口城市地区的产业结构的重要力量。

第三，港口城市的发展与内陆城市发展的最大动力要素区别在于港口海陆联动带来更为广阔的资源、信息、技术等的流动，并且为港口提供综合物流活动空间和内陆运输联运通道。因此，利用港口和临港产业的发展规律，扩大腹地资源市场，延伸产业链，能够积极促进港口城市的发展。

因此，从"港—业—城"三者互动发展角度看，港口条件的改造是为其提供基础性条件，而腹地资源市场扩展和产业链延伸组织则是港城良性互动和提高竞争力的充分必要条件。也就是说，临港产业发展是"港—业—城"互动发展的核心所在。

从港口条件的改造方面看，在全球贸易一体化发展的趋势推动下，港口与船运公司、国内工业企业间的交流程度越来越大。船舶大型化、码头专业化、泊位深水化、运输集装箱化成为国际航运业发展的新趋势。因此，若通过符合趋势发展的超前决策和资金投入（多元主体联合）来改造港口条件而占得先机，就可能充分运用港口发展的契机而带动港城的振兴。

从腹地资源市场扩展方面看，按照港口腹地与港口经济联系的远近，可以分为直接腹地和间接腹地。大部分的港口都有比较明确的直接腹地，且与城市的辐射范围大致相当，这为港城的互动发展奠定了根本基础。但间接腹地会随着港口之间竞争而出现不稳定的局面，天津港与唐山曹妃甸港、黄骅港之间的竞争就是如此。

从产业链延伸组织方面看，我国目前沿海港口地区的产业就有两类不同驱动型的产业价值链：一是以生产者驱动的产业价值链，二是以市场消费者驱动的产业价值链。产业价值链的驱动类型差异，表现在产业的类型、价值链的核心能力、对港口类型的需求和发展影响的不同。具体地说，生产者驱动的产业价值链，是以增强核心技术能力为中心来获得竞争力，其港口建设业主专用码头，企业自身改善全程物流链，与港口地区的城市互动关系薄弱，例如曹妃甸；而以市场消费者驱动的产业价值链，则更强调设计和市场营销环节来获得竞争优势，其港口附近聚集加工制造业和出口物流业，与城市建设和人口就业有良性互动，例如宁波、深圳、厦门等。因此，产业链的发展要先根据该产业价值链的驱动力去确定该产业价值链的核心能力，然后积极发展与此类产业相匹配的港区和码头❶，在

---

❶ 例如集装箱码头配合出口加工业、煤码头配合电厂、油码头配合石化联合企业等。

不同的地点分别发展，形成供应链，才能使该产业和港口共同具有竞争优势。

6.3　先进地区"港—业—城"互动的实践经验

6.3.1　加快港口建设的经验

1. 领导得力，科学定位

先进地区各省市均由主要领导主管港口和产业园区建设。上海和天津将港务局与交通局合并为交通运输和港口管理局，同时设立城乡建设和交通委员会，突出交通建设的地位。2006 年宁波与舟山两港跨行政区合并后，设立了宁波－舟山港管理委员会。1996 年 1 月，国务院批准上海市建设以上海港为主体，江、浙港口为两翼的上海国际航运中心。天津港确立为中国北方国际航运中心，深圳、广州、大连定位为国际航运中心，宁波、连云港、青岛等港口定位为枢纽港，都是根据自身的区位优势、港址条件、通货能力等综合因素确立的，并且获得了国务院或交通运输部的认可。

2. 多渠道筹集资金，加快港口建设

港口码头建设是投入大、周期长、回报慢的基础设施工程，需要大量资金。天津等地实行"政府规划、市场主导、企业主角、多元投资"的机制。主要途径和措施：第一是组建投资公司。例如，大连长兴岛开发，通过组建长兴岛开发投资有限公司，吸引国家开发银行参股。第二是组建股份制商业银行。如天津滨海新区通过建立渤海银行（全国性股份制商业银行）吸纳民间资金。第三是上市融资。目前，我国大部分主要港口均已上市，其中天津港和大连港 A 股和 H 股双上市。营口港自 2002 年 1 月上市已融资 71 亿元，新建 21 个泊位，使公司整体壮大了数十倍。唐山港集团股份有限公司自 2010 年 7 月上市以来，已融资 40 多亿元。四是与国内外大企业合作，吸引国内外资金。大连港、日照港、营口港等都是通过与相关企业战略合作，实现互利共赢的。

3. 重视疏港交通体系建设

一个港口的吞吐能力除了码头泊位，主要取决于疏港公路、铁路、内河水运、航空等集疏运大交通体系。因此，先进地区都将集疏运大交通体系摆在港口开发和港城发展的优先战略地位。例如，烟台港公路、铁路、水路、航空、管道5种运输方式齐备，公路含2条高速（沈海、荣乌）、1条国道，铁路系山东"三纵三横"网的重要枢纽，烟台至淄博的450千米输油管道横贯5市14县区。又如，天津港有5条高速公路（京津塘一线、京津塘二线、津滨、津晋、唐津）及海滨大道、津塘公路；铁路除京山线外，还有津秦高铁、津滨（天津—滨海新区）轻轨，可与京津城际高铁相连；滨海国际机场距天津港仅30千米，可谓四通八达、方便快捷。

4. 灵活经营，提高运营效率

第一，引进外商参与经营。深圳在全国率先引进外资参与港口的建设和经营，盐田国际、蛇口集装箱、赤湾集装箱、大铲湾码头、招商港务均为中外合资企业，不仅引进了大量资金，而且引进了先进的管理技术、经验和人才，使港口按照国际惯例以全新的模式高效运营。

第二，整合、兼并、联营，做大做强。烟台将芝罘、西港、龙口、蓬莱4个港整合为一个集团，合理分工，形成合力，避免重复建设、内部恶性竞争。营口港通过控股兼并了盘锦港。上海港实施"长江战略"，以产权为纽带，投资入股长江沿岸重要港口，形成上海港与内河港口协同发展、合作共赢的局面。2005年宁波与舟山两个亿吨港强强联合（自2006年1月1日起称宁波-舟山港），实行一体化经营，2013年吞吐量达到8亿吨，居世界第一。

第三，加强与内陆经济腹地的联系，扩大业务范围。各先进港口都将强化与内陆经济腹地的联系与合作，作为扩大货源的重要举措。如天津港除了发展海陆空兼备的综合运输体系之外，还与内陆城市开展"海铁联运"合作，目前西安、成都、包头、乌鲁木齐、二连浩特和阿拉山口等城市至天津港的集装箱班列已陆续开通。此外，天津港提出了"将码头建到西部去"的口号，在包括新疆、河北、河南等地设立了4个区域营销中心、23个"无水港"。

第四，加快综合服务平台建设，提高通货能力。宁波港早在1997年5月就开通了"EDI中心"（国际集装箱运输电子信息传输和运作系统），不仅实现了在贸易手段上与国际接轨，而且大大提高了运输效率和竞争力。

上海、天津、大连分别建立了航运交易中心、国际贸易与航运服务中心、航运交易市场。虽然名称不同，但功能大同小异，都是为了加强信息交流、降低交易成本、提高工作效率。综合服务平台充分体现了"服务型政府"的优点，在保证监管质量的前提下，对各类通关业务流程大胆进行再造创新，实行"一站式""一条龙""5 + 2"等高效通关方式，为当地的对外开放、经济发展创造了良好的软环境。

6.3.2　港口与产业互相促进的经验

我国沿海经济的发展历程大体可划分为 3 个阶段。第一阶段，改革开放之前，以传统产业为主。如天津滨海地区的海盐生产、海盐化工、油气开采、石油化工等产业，上海、大连等地的造船、装备制造业、轻纺工业等产业，宁波等地的铸造业、小手工业、渔业和水产加工等。第二阶段，1978～2008 年，高速发展的 30 年。自南向北，"三来一补"、加工贸易、各种制造业、重化工业一齐向沿海城市、沿海港口聚集，成为全国经济腾飞的引擎。第三阶段，2008 年国际金融危机以来。外贸受挫，经济放缓，正在进行产业转型升级。

1. 利用区位优势，争取优惠政策

深圳、珠海、厦门、汕头等市充分利用毗邻港、澳、台地区的区位优势，敢想敢闯，向国家争取优惠政策，办起了经济特区。烟台、青岛利用与韩国、日本较近的区位优势，较早开通至韩、日的班轮，吸引韩、日企业来投资建厂。宁波等地通过发展港口等交通工具和临港产业，可以将其生产的蔬菜、水果、水产品等，在 24 小时之内送到韩国人、日本人的餐桌上。各地充分利用国家给予经济技术开发区、高新技术产业园区、保税区、出口加工区的优惠政策，不失时机地发展自己。例如，烟台市就有 1 个国家级高新技术产业开发区、2 个国家级经济技术开发区（保税区），仅烟台经济技术开发区就注册企业 19000 多家，其中外资企业 1300 多家，世界 500 强企业项目 67 家。2012 年机械制造、电子信息两大主导产业实现产值 2640 亿元、利税 223 亿元。

2. 因地制宜，搞好产业转型升级

沿海各先进城市根据自己的自然资源、产业基础、研发能力、教育、人才等条件，因地制宜地调整产业结构，搞好转型升级。例如，青岛市抓住国家实施海洋强国战略的良机，发挥自身海洋科技教育、科研、人才集中的优势，提出创建蓝色硅谷的目标，要把青岛打造成世界第 7 大国家级海洋科研中心，将现代海洋产业打造成支柱产业。青岛规划建设 218 平方千米的海洋科技城，2013 年开工建设 30 平方千米核心启动区，包括海洋科技国家实验室、国家深海基地、国家海洋设备质检中心等 18 个重点项目。同时，加快发展海洋渔业、海洋装备制造、航运、滨海旅游等产业。

3. 创新驱动，大力发展新兴产业

沿海各先进城市一方面改造传统产业，淘汰过剩产能，另一方面大力发展战略性新兴产业、高新技术产业及现代服务业。例如，天津滨海新区 2010 年以来建立了 50 个国家级和省部级研发中心，206 家市级以上重点实验室和研发中心，63 家外商投资研发中心，博士后工作站达到 66 家；实施了天河一号、国芯专用芯片、神州数据库等一批国家重大创新项目，形成一批关键技术和拳头产品；航空航天、电子信息、新能源新材料和生物制药等 8 大优势产业形成聚集效应，贡献率已占规模以上工业总产值的 87% 以上，战略性新兴产业总产值突破 1100 亿元。

4. 配套港口发展，搞好物流等服务业

在完善港口集疏运体系的同时，沿海各先进城市还特别重视与港口配套的国际国内物流园区、商贸、金融等服务设施建设。例如，大连港正在积极建设港口物流、工商贸服务、金融等 5 大业务板块。深圳市围绕港口开展业务的物流、货代、船代、报关、拖车等行业已达 10 多万人，成为支柱产业。

邓焕彬和朱善庆运用计量经济学理论基础及基本模型，对全国 25 个主要沿海港口 2000～2007 年的吞吐量与其所在城市的地区生产总值的关系进行了分析研究，得出结论：港口发展会促进地区经济增长；由于存在加速数效应，地区经济增长也会促进港口发展，因此二者存在双向因果关系。浙江四个沿海城市的港—业互动也证实了上述观点。在过去工业基础比较薄弱的条件下，宁波等四市通过开发港口，相继建立起电力、石化、造纸、造船、钢铁等产业。和 1978 年相比，四市的经济规模占浙江省和全国总量的比重大幅度上升。

6.3.3 港口与港口城市互动发展的经验

1. 港口建设对港口城市经济的牵引带动作用

由于海运是成本最低、四通八达的运输方式，因此外贸货运的八九成选择了海运方式。进而各地都特别重视港口建设，于是形成港口经济。港口经济（或产业）是以港口为中心、港口城市为载体的开放型经济，它由内向外包括共生产业（港口装卸、运输业、仓储业）、依存产业（贸易、修造船、电力、钢铁、石化、加工业等）、关联产业（金融、保险、通信与信息、维修、商业服务、娱乐、旅游业等）。港口经济对港口城市经济的带动作用体现在以下四个方面。

第一，引擎效应。港口的生产经营和发展可为地区经济创造直接的产值、国民收入、税收和就业机会。一般来说，港口每万吨吞吐量创造 GDP 的贡献约为 100 万元，对本地就业的贡献为 26 人。

第二，乘数效应。有数据显示，港口生产经营与其他相关产业及间接诱发经济贡献为 1:5，提供就业比值为 1:9。20 世纪 90 年代初，天津市统计局的投入产出调查结果显示：在该市工业、农业、运输、邮电、建筑、商业、外贸 7 大产业、198 个行业中，利用天津港进出物资的行业高达 186 个，占全部行业的 93.94%。由此可见，港口对港口城市产生明显的临港产业梯次发展的乘数效应。

第三，产业集聚效应。港口的辐射力、影响力和凝聚力，可以拉长产业链条，在港口城市、附近沿海地区形成产业集群和重要产业基地。港口群的形成又会促进城市群的形成，如我国珠三角、长三角、环渤海三个地区。

第四，产业优化效应。港口作为海陆货物运输的接合点，已成为配置资源、调整港口城市产业结构的重要力量。同时，港口建设及临港产业的发展必然推动第三产业的发展，提高其在三次产业结构中的比重，从而促进港口城市产业结构的优化升级。

2. 港口城市经济发展对港口的支撑作用

第一，港口城市是港口建设的发起者和主要投资者。港口建设启动的早晚，与其所在城市决策层的思想观念超前还是滞后有关，更与该市经济发展的需要有关。港口建设的速度往往取决于其所在城市经济发展速度和规模以及由此形成的财政投入和融资能力。

第二，港口的建设与发展需要其所在城市提供配套设施和服务。例如，水、电、暖、燃气的供应，公路、铁路、机场等集疏运交通体系及物流园区建设等，都需要所在城市统一规划、投资融资、提供土地、协调各方。

第三，港口城市经济发展对港口吞吐量增长作贡献。一般说来，所在城市是港口的第一客户，它的产品、半成品及其所需的原材料、能源等是港口的主要货源。因此，港口城市经济的快速发展是港口吞吐量大幅增长的直接原因。

第四，港口城市的产业结构影响港口的经济效益。拿唐山与烟台2012年的统计数据相比较，唐山的人口、GDP分别比烟台多91.49万人、580.25亿元，但是烟台的外贸总额、财政收入分别是唐山的4.56倍、1.2倍。烟台的农民人均纯收入、城镇居民人均可支配收入分别比唐山多2600元和5687元，烟台机电产品出口、高新技术产品占出口总额的64.3%和28.4%，而唐山机电产品出口和装备制造业产品出口两项相加仅占出口总额的23.83%，钢材和陶瓷产品两项相加占出口总额的59.79%。从这些数据明显看出烟台的产业结构明显优于唐山。

3. 在港—城互动发展中寻找平衡点

第一，港—城互动发展的一般规律或特点。人类制造船舶利用水面进行运输，有一个由小到大、由近及远的过程；从小河到大河，从江河湖泊到海域，再从近海到中海、远海。港口发展亦然，从河岸港到河口港（海湾底部），再从一般海口港到海岸（海岛）深水港；从一般港口到枢纽港，再到国际航运中心；临港居民区则从小渔村到小城市（镇），再到中等城市、大城市乃至国际大都市。

国外港—城发展模式可以归纳为三种类型：一是旧城、新港城一体发展模式。新建港城与旧城距离很近，在功能和空间上融为一体，如荷兰鹿特丹市。二是小港城依托主城模式。港口新城距离主城10～30千米，紧邻港口发展工业区形成小规模港城，港城的高端服务基本依靠原有主城提供，如新加坡的裕廊工业城。三是独立新建滨海新城模式。港区距离主城区较远，一般距离40～50千米，无法依托现有城市基础，因此需要依托港区建设相对独立的滨海新城。改革开放以来，我国沿海地区走出了一条"深水港口—临港工业区—滨海新城"的发展模式。

第二，港—城良性互动、协调发展的浙江实践。宁波、温州、台州等市在改革开放后制订了"以港兴市、以市促港"的发展战略，并且制订了科学发展规划。他们把河港东移变成海港，大力加强港口建设，实现了港口运输的跨越式发展。把工业区（开发区、保税区、加工区）都建在海港区、沿海地区。同时，他们提出了城区"向东、向海发展"的目标，实现由"滨江城市"向"滨海城市"的转变。宁波通过建设东部新城缩短了市中心与深水港区的距离。近年来，宁波又提出了将行政中心东移计划。温州建设了永强副城区，推进"半岛工程"，决定中心城区向东发展。台州将行政中心迁往椒江，并且重点发展椒江和路桥城区的滨海地区。宁波、温州 2012 年比 1978 年城区面积分别扩大 14.25 倍和 11.56 倍，台州城区面积 2012 年比 1993 年扩大了 3.25 倍，舟山城区面积 2012 年比 1987 年扩大了 5.71 倍。他们的经验有五条：制订科学的发展战略，编制城市总体规划，走全面协调可持续发展之路，抓制度创新与人才强市，坚持以人为本、着力改善民生。

"港—业—城"互动发展使沿海地区成为我国 35 年来经济社会高速发展的巨大动力。沿海地区 11 个省市自治区（未计台、港、澳地区）面积仅占全国 12.39%，人口占 42.57%，却创造了占全国 57.30% 的 GDP、近 40% 的财政收入和 77.48% 外贸额。

6.4　曹妃甸"港—业—城"互动发展的综合评价与路径选择

唐山市作为环渤海地区的沿海城市，生产力重心长期不在沿海。直到曹妃甸开始大规模开发以来，唐山市的产业布局、经济模式、开放程度等才真正开始有了大的转变。十年来，曹妃甸港口、临港产业和港口城市的互动发展走过了一条充满期望、充满艰辛、充满收获，也充满遗憾的路。

6.5.1　曹妃甸"港—业—城"互动发展的成效

开发建设曹妃甸，是党中央、国务院做出的重大战略决策，是河北省、唐山市加快沿海开发开放的重大战略举措。以 2003 年 3 月通岛公路开工建设为标志，曹妃甸正式拉开了开发建设的序幕。经过努力，曹妃甸港口、产业、城市建设取得了很大成绩，具体表现在以下几个方面。

1. 港口建设取得突破

港口是曹妃甸发展的最大优势。曹妃甸拥有深水岸线 69.5 千米，岛前 500 米水深即达 25 米，深槽水深 36 米，为渤海最低点，不冻不淤，是渤海沿岸唯一不需开挖航道和港池即可建设 30 万吨级大型泊位的天然港址，可建上百个万吨以上级泊位码头。在这里可建设公共码头，也可供大型企业修建业主码头。经过十年的建设，到 2013 年年底累计建成并运营泊位 60 个，通过能力达到 3.5 亿吨，完成港口货物吞吐量 2.45 亿吨，同比增长 23%，增速居全国前列；开通内外贸航线 16 条，集装箱年吞吐量突破 15 万标箱，增长 50%。曹妃甸矿石交易公司和保税储运公司注册成立，环渤海煤炭交易中心、铁矿石分拨和交易中心加快建设，洋森、海森等木材加工贸易项目相继开工。河北港口集团总部成功落户，唐港铁路有限公司完成迁移注册。唐曹铁路前期工作全面展开，水曹铁路完成注册，张唐铁路曹妃甸段、滨海公路、唐曹公路加快实施，唐曹高速曹妃甸出口引线建成通车，港口集疏运能力不断增强。

2. 基础设施不断完善

通电、通水、通路、通电话、通电视、通网络和土地平整的"六通一平"，是任何投资者都看重的基础设施条件。如果说这些基础设施建设在陆地还好办，那么从陆地向大海中"通"出这些设施就要克服许多困难、付出许多艰辛。花费大量人力物力财力吹填造地，把一个不足 4 平方千米的带状沙岛，扩张为 210 平方千米的广阔陆域，形成了支撑曹妃甸长远发展的宝贵土地资源优势。十年来，累计投入基础设施建设资金 1219 亿元，港口、铁路、公路、输水、输电等重大基础设施相继完成，具备了产业集聚的基础条件。

3. 产业项目加速集聚

"面向大海有深槽，背靠陆地有浅滩，腹地广阔有支撑"，曹妃甸在发展临港产业方面具备得天独厚的自然地理条件。十年来，曹妃甸重点打造大港口、大钢铁、大电力、大石化"四大主导产业"，并着力培育和壮大循环经济产业链条。到目前，以首钢京唐精品钢铁为龙头的循环经济产业链已初见成效；以华润电厂、北控阿科凌、三友化工为龙头的海水淡化循环经济产业链已经形成；以矿石码头、煤码头、原油码头、LNG 码头为龙头的现代港口综合物流产业链已经发挥效应；以华电重工、冀东机械为龙头的装备制造产业集群初具规模；以中石化千万吨级大型炼化一体化项目为龙头的循环经济产业链已经启动。在曹妃甸港区这个龙头的牵引下，港口物流、钢铁电力、化学工业、装备制造、综合保税、新兴产业和中日生态工业园等七大产业园区，成为曹妃甸开发建设的主阵地和主战场。已有 24 家世界 500 强、大型央企、知名民企落户曹妃甸，首钢、上汽新能源汽车、海清源反渗透膜制造等项目已竣工投产，国泰纸业、龙成煤清洁高效综合利用、中航天赫海绵钛等重点项目已开工建设。临港产业的集聚，为唐山市转型升级、构建开放型经济模式起到了示范作用。

4. 经济实力不断增强

2012 年，曹妃甸完成地区生产总值 356 亿元，比上年增长 11.3%；全部财政收入 50.5 亿元，增长 34.8%；公共财政预算收入 24.6 亿元，增长 37.7%；完成固定资产投资 617 亿元，比上年增长 6.0%，其中工业完成 247.86 亿元，占总数的 40.16%；实际利用外资 1.8 亿美元，增长 80%。

2013 年，曹妃甸完成地区生产总值 380.8 亿元，同比增长 9.5%；全部财政收入 76.1 亿元，增长 50.8%；公共财政预算收入 48.7 亿元，增长 62.8%；全社会固定资产投资 735.1 亿元，增长 19.1%，财政收入、固定资产投资等主要经济指标增速在省市前列。由此可见，曹妃甸正在成为环渤海地区发展的新引擎和新的增长极。

6.5.2　曹妃甸"港—业—城"互动发展存在的问题

1. 临港产业总体水平不高，产业集聚效应不强

第一，产业项目数量少、规模小，整体实力不强。近年来，随着天津滨海新区、辽宁"五点一线"、山东胶东半岛的迅猛发展，尤其是紧邻曹妃甸、享有多项国家优惠政策的全国综合配套改革试验区——天津滨海新区，已经对曹妃甸的发展形成了资金、项目、技术、人才等方面的虹吸效应。目前在天津滨海新区，已有百万吨乙烯、千万吨炼油、空客 A320 总装线、中航直升机总装基地、和谐型大功率机车、国家超算天津中心等 400 多个重大项目相继建成投产，新一代运载火箭、300 万吨修造船等 300 多个大项目开工建设；航空航天、石油化工、电子信息、新能源新材料和

生物制药等八大优势产业形成集聚效应；形成了北疆电厂一期、新泉海水淡化等循环经济项目，构建了石油化工、冶金、电子信息、汽车等 7 条循环经济产业链。2012 年，滨海新区共完成地区生产总值 7205.17 亿元，财政一般预算收入 731.6 亿元，港口吞吐量 4.77 亿吨，分别是曹妃甸的 20.2 倍、29.7 倍和 2.45 倍。就是与省内的渤海新区相比，曹妃甸依然差距不小。2012 年，曹妃甸地区生产总值、全部财政收入分别比渤海新区少 114 亿元和 37.8 亿元。

第二，临港产业结构不合理。曹妃甸建设总体上处于起步阶段。近年来，临港产业主要依靠资源投入和规模扩张，粗放式特征明显，产业集中在钢铁、石化、装备制造、建材方面。战略带动项目不多，新兴产业发展缓慢，科技含量亟待提升。产业协作水平偏低，产品多处于产业链下游，高附加值产业尚未形成，加工组装为主体的企业多，且企业间配套本土化率低。

第三，陆海一体化发展格局尚未形成。内陆地区主导产业的发展与沿海地区临港产业的发展关联度不强，钢铁、装备制造、化工等关联产业也是独立发展，临港产业与腹地产业之间的深层次融合互动机制尚未形成。产业同构、产能过剩，致使集聚效应不够强，不能形成统一合力。曹妃甸固定资产投资速度明显快于地区生产总值的增长速度，这是政府投资拉动经济增长的典型模式，但这种模式却是不可持续的。

2. 港口物流功能不完善，腹地狭小

目前曹妃甸港区规模化、网络化水平亟待提高，集装箱业务发展缓慢。经济腹地则因天津港等先期发展的辐射效应而狭小，由于行政区划分割，缺乏与山东、辽宁等周边沿海省份的衔接。曹妃甸港口吞吐量虽然较大，但大多为干散货，且集中于铁矿石、煤炭等大宗原材料货物的流通，缺乏加工环节，这是导致唐山市港口功能单一、附加值低的主要原因。

3. 港口城市职能欠缺，港城互动较弱

近年来，曹妃甸有港区、生活区、工业园区、国际生态城及商贸、教育、卫生等建设规划，但仍缺乏宏观协调。在港口、污水处理厂、供水管线等基础设施建设上，没有将曹妃甸港区与京唐港区之间、港口与邻近的工业园之间、沿海经济带与唐山中心城区之间，以及与内陆腹地之间进行统一的规划设计，浪费了许多的人力和财力。曹妃甸区与唐山主城区在就业、科技与教育资源共享等方面还存在脱节，区域内资源流动和再配置进程缓慢。港口城市职能相对较弱，仅有一般性简单生活服务，港城联动程度低。由于政策吸引不强、人文环境缺乏根基、基础设施不够完善，导致人口流动活力不足，集聚人气不旺。临时性建筑工人多，长期定居人口少；本地人转移多，外来人口移入少；招录一般人才多，吸纳专业人才少。

4. 沿海开发与生态保护不同步，近岸海域环境质量下降

随着曹妃甸一批重大产业项目落地实施，沿海环境容量与产业聚集的矛盾越来越突出，节能减排任务艰巨。临港工业发展挤压渔业用海用滩，造成沿海 4.8 万渔民生活困难；持续围垦建设使沿海湿地资源减少，已有 108 平方千米沿海滩涂消失，约占原有滩涂的 30%。湿地萎缩、滩涂减少、芦苇沼泽减少，使国际协定列入保护的 58 种在此栖息的水鸟可能变成濒危种群。此外，随着港口建设及沿海经济的发展，使近岸海域环境质量呈现复合性污染，近海水域灾害时有发生，近海生态系统退化。

6.5.3 促进曹妃甸"港—业—城"互动发展的路径选择

针对上述问题可知，充分利用曹妃甸港口的资源优势，提升港口功能多样性，加快临港产业的集聚与协作发展，加强港口城市建设并充分发挥作用，是促进曹妃甸"港—业—城"互动发展的必由之路。

1. 做大做强港口物流，强化港口与腹地协调发展

随着中国与国际新兴市场合作越来越广泛，必然引发对港口新的服务需求。这就要求曹妃甸港区建设须抓住机遇，发挥已有的综合保税区特殊优势，在以下几个方面加快推进。

第一，港口物流改革。遵循世界范围内的港口改革发展潮流和趋势，推进市场化进程，大力引进私人资本到港口领域。融入世界通行的"前码头、后工厂"供应链体系。积极引进著名的世界各大航运公司，共同开发泊位、码头和远洋航线。加强与京津、环渤海、东北亚乃至全球区域贸易物流的合作，嵌入世界性港口物流大格局。

第二，拓展港口腹地。港口繁荣发展关键取决于航线的培育和腹地不断延伸。为此，要积极构建辐射唐山周边、接轨国际的海陆空综合交通网络，瞄准资源能源丰富的俄罗斯和蒙古，谋划与北京、内蒙古共同建设曹

妃甸—华北—蒙古—俄罗斯的贸易物流大通道，使远东、西伯利亚的煤、油、铁，内蒙古的矿产等资源基地与曹妃甸港区做到无缝对接。

第三，完善物流体系，为港口、航线、腹地一体化发展提供支撑。要着眼国际物流的"门到门"趋势，突破传统"港到港"模式，实施引入国际物流公司参与港口运营的发展战略。尽快完善落实冀东经济区以集装箱运输为核心的物流链区域发展规划，联合腹地大中型制造企业，与物流园区及各类专业市场建设相配套，合理集成多元化运输方式，构建曹妃甸现代化物流体系。

2. 优化产业结构，加快临港产业集聚与协作

从曹妃甸发展情况看，近年来采取的是以工业项目为主，挤占"一产"空间，"二产"先行，"三产"后续进行的发展模式，从而导致产业结构失衡。因此，需要合理摆布一、二、三产业协同发展的关系，优化产业结构，转变发展方式。

第一，在"一产"发展中快速推进传统渔业向现代高效渔业的转型升级。加快外部深水海域开发，重点发展大型深水抗风浪网箱养鱼业，努力拓宽渔业发展新空间，坚持走"以质增效"的渔业发展新路子，加大渔业科技投入，在扩大水产育苗、工厂化养殖的同时，大力发展绿色无公害和观光休闲等特色渔业，与海滨餐饮、海上旅游、观光垂钓相结合，延伸渔业产业链条，确保渔民长远生计有保障。

第二，改造提升传统重化工产业，发展循环经济。要以"可接续发展"为突破，以"清洁、高效"为方向，以产业改造和科技创新为抓手，加速推进精品钢铁、装备制造、化工等重化工业改造提升，延长产业链，增加产品附加值，减少资源消耗和环境污染，形成主导性产业集群。

第三，积极扶植战略性新兴主导产业。要加大科技招商力度，引进高层次、高品质的战略性新兴产业落户曹妃甸。在充分发挥传统工业优势基础上，积极培育壮大海洋化工、海洋船舶业、海洋油气开发、海洋能源和海洋生物工程等新兴产业及与之相关的电力、建材等配套产业，形成现代化蓝色产业体系。

第四，建设发展以休闲度假为主的沿海旅游产业。要充分利用海岛、沙滩、湿地、温泉、现代工业等港口和主城区优势资源，统筹唐山湾国际旅游岛、曹妃甸湿地、滦河文化休闲等多个旅游产业集聚区的发展，坚持

政策支持、市场调节、法规保障的发展方式，积极借助北京、天津旅游资源市场优势，合作开发曹妃甸沿海旅游资源，纳入北京大旅游圈，借力提升唐山沿海特色旅游品牌，培育新的海洋经济发展支撑点。

第五，科学构建海陆联动、良性互动的沿海空间和产业发展格局。要按照各级"十二五"规划的要求，坚持"陆海统筹"，把临港产业发展与布局更好地与沿海、海岛的优势资源开发，与工业化、城市化发展结合起来，合理布局临港产业和临海工业园区，形成功能明确、分工合理的沿海产业带。要正确处理省市产业布局与唐山市沿海产业布局的关系，形成港口、产业和城市相互依托、互促共进的良性运行局面。

3. 科学规划，完善基础设施和港口城市功能

在曹妃甸"港—业—城"互动发展过程中，临港产业是核心。而临港产业的发展，需要一个基础设施完备、城市功能健全、政策优越的外部环境。这就要求唐山市委市政府科学规划，全盘考虑。

第一，制定完善曹妃甸与沿海其他县区（开发区）的经济合作、区域资源环境共享、生态环境补偿等政策，通过资源共享、优势互补、责任明晰、利益分配合理的通力合作机制，形成沿海区域一体化发展格局。

第二，统筹曹妃甸与沿海其他县区（开发区）及交通、供热、供水、污水等基础设施建设管理，综合考虑各类资源的开发利用，整合资源配置。特别是衔接好沿海地区铁路、公路、水运、桥梁等各项交通规划，保障县区（开发区）之间道路对接通畅，既发挥项目投资效益，又节约用地资源。协调各沿海工业区的基础设施建设、项目引进等相关事项，避免区域、行业、部门间恶性竞争，完善用海用地政策与地价指导政策，鼓励发展外向型经济和新兴产业。在规划设计管理中，充分考虑沿海实际，每个工业区的规划设计都应与唐山沿海地区的总体规划相匹配。通过统筹基础设施建设和用海用地政策，充分利用沿海资源，实现沿海地区基础设施建设和海洋资源利用效益最大化。

第三，创新宽松的人口吸纳政策和尖端人才引进优惠政策，通过建立城乡一体化的户籍管理制度、多元化的分配机制、优化引智环境、注重本地人才培训教育、充分发展职业教育等，增强曹妃甸各类人才聚集活力。

第四，创新融资开发建设模式。学习借鉴国际成熟的公私合营建设模式（PPP模式），引导外资、民间资本、社会游资等投资参与沿海地区基础设施建设，利用财政收入、土地出让、抵押融资、港口运营管理收入等渠道筹措回购款项，本着"立足发展需求、分期分批开发"的建设原则，走出一条现代化陆港互动的发展之路。

4. 合理利用沿海资源，保护海洋生态环境

第一，科学界定海岸线功能区划，合理使用近海海岸资源。可学习借鉴天津滨海新区、福建海西经济区的沿海城市开发海岸线的经验，结合河北省海洋功能区划和唐山市沿海地区海岸生态系统及其自然地理特点，将海岸线进行科学地功能划分，并严格按照海洋功能区划的划分标准及要求，对各功能区严格管理，落实保护开发海岸线的各项政策措施，确保海岸资源科学高效利用。

第二，建立曹妃甸区生态环境保护规划，以红线制度控制滩涂围垦。制定《唐山曹妃甸生态环境保护规划》，实施以沿海环境容量为基础的总量控制制度。引进产业项目，前期必须进行科学论证，严禁高污染、高排放企业落户；建立重点产业项目用地保障制度，加快推进和发展循环经济，开展工业用地出让年限分阶段实施、出让金分批缴付；建立涉海部门海洋生态环境保护工作协作机制，加强沿海城镇污水处理设施建设，加大入海排污口的监管和对海洋污染的执法力度，依法严惩违法行为；从排污入海企业的排污费、海域使用金、围垦滩涂土地出让金中，划出一定比例资金建立海洋生态环境修复专用基金，利用好国家海洋生态保护资金等扶持政策，开展海洋生态环境修复。

第三，加强海洋环境保护基础科研工作，完善海洋环境管理协调联动机制。实行海洋环境保护联席会制度，整合环境监测、科研资源，实现资源共享。加强海洋环境保护基础科研工作。针对沿海区域的实际情况，做好环境容量、规划环评等基础科研工作，为曹妃甸区域的经济发展和环境保护提供科技支撑。

第7章 基于沿海港口优势的唐山市开放型经济发展

唐山位于环渤海经济隆起带的中心区域，资源丰富、区域优势明显、投资环境优越，但也面临着天津滨海新区和辽宁、山东沿海城市的"裹挟与夹击"。本章首先研究唐山市资源禀赋与产业结构特征的关系，分析唐山市三次产业内部结构，得出产业结构优化策略。同时也为其他类似地区突破"资源诅咒"和产业结构刚性束缚，实现开放转型提供借鉴依据。

7.1 唐山市的资源禀赋、竞争优势与产业结构

7.1.1 唐山市依托资源禀赋形成的产业结构现状

长期以来，我国许多地区的经济增长都建立在资源禀赋的基础之上，唐山也不例外。唐山属暖温带半湿润季风气候，气候温和，地貌多样，由北向南呈现出明显的地带性梯度演变。北部的迁安、遵化和迁西为山区和半山区；中部的玉田、丰润、滦县等则是低山、丘陵、平原和洼地共存；而南部的滦南、曹妃甸、乐亭地处沿海，是典型的低平原县。地貌的多样性赋予了唐山丰富的自然资源：北部山区富藏铁矿、金矿、石灰岩等矿产资源，盛产板栗、核桃等干鲜果品；中部平原为粮棉油集中产区，是京津和华北地区的主要农副产品基地，有"冀东粮仓"之美誉；南部沿海陆域海岸线长229.7千米，海洋资源丰富，具有曹妃甸等多处优良港址资源，也是渤海湾的重要渔场和我国原盐、石油天然气的重要产区。正是依托这些丰裕的自然资源，唐山形成了以钢铁、装备制造、化工、建材、能源五

大传统优势产业为核心的产业格局。

1. 第一产业

改革开放以来，尤其是近年以来，唐山市委市政府根据自身自然条件和经济条件，以市场为导向，以项目建设为支撑，全面贯彻落实各项强农惠农政策，着力调整农业产业结构并取得了显著成效，已构建起以粮食油料为基础，以畜牧渔业为主导，以蔬菜果品为支柱，以地方特有和新兴产业为特色的产业格局。唐山市的农业发展已开始进入由传统农业向现代农业转变的加速推进期。

2. 第二产业

钢铁产业方面，唐山市发展钢铁工业的条件得天独厚。依托资源、技术、市场、交通和产业配套等诸多优势，经过 70 余年发展，目前唐山市已建成集铁矿采选、钢铁冶炼、压延加工、炼焦制气、耐材制品、冶金机械、钢铁物流、电子商务、科研院所和建设安装等主辅行业门类齐全、上下游产业链衔接完整的钢铁产业体系。钢铁产业已成为全市最重要的战略支撑产业和第一大支柱产业，钢铁产业经济总量占据唐山市经济总量的三分之一强，钢产量占到全国产量的十分之一强。

装备制造业方面，目前唐山市装备制造业已形成了以铁路客车、冶金机械、选煤机械、石油机械、水泥机械、汽车及其零部件、印刷机械等优势产品为主体的产业格局，产品涉及工业与工程装备、选煤机械、冶金机械等 37 类上千种产品。

化工产业方面，唐山化工产业主要有盐化工、煤化工、化学肥料、石油化工等。其中，以南堡盐场、海港开发区为代表，形成了具有完整盐化工和煤化工一体化的产业链条。拥有亚洲最大的南堡盐场和全国三大碱厂之一的唐山三友集团，和佳华煤化工有限公司、唐山中润煤化工有限公司等较大企业。曹妃甸工业区依托资源优势，集炼油、焦油加工等以石油化工、煤化工、盐化工成组布局、协调发展的化工产业体系已初具规模。

建材产业方面，唐山已形成了以水泥、建筑卫生陶瓷为主导产品，以耐火保温材料、建材装备制造、新型建材为辅助产品的五大产品结构体系，拥有冀东水泥集团、唐陶股份、惠达陶瓷、隆达陶瓷等大型企业，创出了"盾石"水泥，"惠达""红玫瑰"陶瓷等名牌优势产品。

产业集群有所发展。2012 年，唐山市 5 亿元以上的产业集群总数达到

36 个，实现年营业收入 2728 亿元，增加值 7.8 亿元，上缴税金 64 亿元，分别增长 18.6%、15.4% 和 14.7%。经过多年的发展，唐山市的产业集群规模显著提高，产业集聚度不断提升，产业集聚效应明显，极大地提升了产业集群的整体水平。

3. 第三产业

第一，保持快速增长。第三产业成为拉动经济增长的重要力量。2013 年，服务业投资占固定资产投资的 49.8%。消费品市场更加繁荣，社会消费品零售总额 1724.6 亿元，增长 13.6%。服务业成为推动唐山经济发展、增加就业、提高收入、优化结构的重要力量。

第二，结构进一步优化。长期以来，唐山服务业对经济发展的贡献主要依靠交通运输和商贸流通业。"十二五"以来，唐山市以转变经济发展方式为战略重点，积极改造提升传统服务业，把发展第三产业作为推动产业结构优化升级的战略重点，按照提质扩量、深化分工、拓展空间、市场主导的原则，加大对具有高附加值的现代服务业和新兴服务业投入，着力构建规模大、领域宽、水平高的现代服务业体系，带动了唐山市金融、房地产、物流业、旅游等领域的快速发展，服务业内部结构进一步优化。

第三，生产性服务业发展潜力大。首先，有良好的市场基础。唐山工业基础雄厚，工业体系相对完备，钢铁、煤炭、建材、水泥、陶瓷等行业大都以大进大出为主，对物流、仓储等与之配套的生产性服务业需求旺盛，发展生产性服务业具备良好的市场基础。唐山工业企业数量众多，有利于咨询管理、工业设计、电子商务等高端生产性服务业的培育和壮大。其次，具备较强的产业承接性。唐山市第二产业发达，唐钢、冀东、开滦、三友等传统优势企业发展基础好、竞争力强，首钢京唐钢铁厂等地处曹妃甸新区的新兴企业具有良好的成长性，有利于生产性服务业的快速发展壮大。最后，拥有优良基础设施和区位条件。唐山市有公路、铁路、港口、机场构成的立体交通网络，有利于物流、仓储等生产性服务业的发展。与此同时，相对于第一、二产业的发展，唐山市第三产业发展非常滞后，生产性服务业具有广阔空间，发展潜力巨大。

7.1.2 目前唐山市产业结构存在的问题

资源禀赋是一个城市经济发展的重要物质基础，资源禀赋的结构决定了这个城市产业和产业结构的形成与发展。唐山丰裕的自然资源使其具有发展优势，但是，资源禀赋优势不能等同于产业竞争优势。过度依赖资源而不重视培养产业竞争优势、提升资源禀赋结构，使唐山产业结构优化升级缓慢。

1. 工业结构过重过低

"一钢独大"的产业结构远未改变。虽然近年来唐山市钢铁产业增加值占规模以上工业的比重已下降了 12.8 个百分点，但仍占 34.2%，而第二大支柱产业装备制造业所占比重仅为 14.1%，两者相差 20.1%。随着产能扩张所带来的规模效益和利润空间越来越小，增产的结果没有实现相应的增收。唐山市钢材产品档次位居全国中上水平。高附加值、高技术含量产品比重不大，特别是技术含量较高、附加值较大、未来市场前景广阔的高强度、耐腐蚀、长寿命的高等级钢材等还很少，全国重点工程和关键领域用的"唐山产"钢材还较少，难以形成强有力的市场地位，制约了唐山市打造全国重要精品钢基地进程。唐山市有焦碳产能 4000 多万吨，但煤化工产品很少，深加工的更少。工业企业自主创新能力低。2012 年，唐山市规模以上企业的研发投入仅占销售收入的 0.47%，比全国平均水平低 0.24 个百分点。到 2014 年年初，唐山市仅有全国驰名商标 28 个。

2012 年，唐山市钢材产量达到 8895 万吨，可本地仅消耗 464 万吨。唐山市现有的钢铁深加工项目分布松散，各县市区大都有钢铁深加工项目，但却很少形成产业集群效应，能够带动行业发展的投资大、技术含量高的大企业和大项目少。钢铁深加工业在全市工业生产中所占比重还较低，规模经济和协同效应没有形成，难以对全市经济产生较大的拉动作用。钢铁深加工企业所采用的钢材，尤其是先进装备制造所需钢材，从唐山市钢铁企业采购的比重很小，导致产业发展中原料供应的地理优势未得到充分发挥。

2. 空间布局分散

唐山市的产业集群虽然出现了 8 个营业收入超百亿元的产业集群，但其他集群规模仍然偏小，年营业收入低于 20 亿元有 18 个，占全部产业集群的一半。集群规模普遍偏小，与唐山市发展的强势很不匹配。特别是钢铁产业，长期以来钢铁产业是唐山各县区的主导产业，而钢铁企业长期在粗放管理模式下成长，造成了产业集中度低、布局不合理等诸多弊端。规模小、过于分散的现状，加剧了钢铁行业内企业之间的恶性无序竞争，削弱了钢铁行业作为买方在采购中大宗原材料时的定价权，增加了企业的生产风险和生产成本，在资源比较紧张的情况下，加剧了原材料价格上涨的局势。受环境容量、水资源、运输条件、能源供应等制约因素影响，唐山市钢铁产业向南部沿海临港地区和北部铁矿资源聚集区转移的压力越来越大。

3. 资源和环境压力突出

2012 年，唐山市全社会用电量居全国城市第 4 位，工业用电量居全国第 2 位，但地区生产总值居第 19 位、公共财政预算收入居第 35 位。唐山市二氧化硫、氮氧化物排放量分别为 31.77 万吨和 39.19 万吨，排在河北省第一位。以钢铁产业为例，尽管吨钢能耗物耗等单位消耗与排放指标有所改善，但由于产量巨大，资源能源消耗和污染物排放总量占有相当比例，而且与国内先进水平还有明显差距。重点钢铁企业烧结、炼铁、炼钢等工序能耗与先进水平相比仍然落后，余热资源回收利用率较低。钢铁企业吨钢烟粉尘、二氧化硫排放量与国内外先进钢铁企业相比尚有差距，企业节能减排管理亟待进一步完善。

4. 服务业发展滞后

近年来，唐山市服务业占地区生产总值的比重一直在 30% 左右，低于全国十几个百分点。其中旅游业、文化产业等新兴领域尤为滞后。2012年，唐山旅游业收入 107.52 亿元，与国内同类经济规模的大连（767 亿元）、宁波（862.8 亿元）相比，仅为它们的 1/7、1/8 左右。唐山市文化产业增加值占 GDP 比重为 1.25%，居民文教娱乐服务支出占家庭消费支出比重为 8.15%，与全面小康标准（5% 和 16%）相差甚远。外向型服务业发展不足，全市涉外服务业主要集中在如沃尔玛、新世界、肯德基等批发零售和住宿餐饮等传统服务业，新兴服务业中外资涉足较少。

传统服务业仍占主导地位，交通运输、仓储邮政业和批发零售住宿餐饮业增加值分别占服务业增加值的 31.8%、20.6%，两项合计占 52.4%，比河北省平均水平高 6.3 个百分点。具有高附加值和强创新能力的生产性服务业发展严重不足。信息传输、计算机服务和软件外包等服务业新型业态发展滞后。由于财政收入来源于服务业的比重越来越高，而服务业发展滞后在很大程度上影响了财政收入。唐山服务业税收在全部税收中的比重不足30%，而且服务业税收的80%多来自传统行业。由于服务业提供的是地方税收，服务业滞后也影响了地方经济发展。服务业发展与传统产业融合不够。这一方面对促进制造企业转型、增加农业科技含量、扩大社会就业、降低能耗等方面的作用难以得到发挥；另一方面服务业的发展也因为不能植根传统优势产业的土壤而缺少滋养，难以迅速壮大。

唐山港主要运输煤炭、矿石、原油等大宗散货，通道特征明显，集装箱年吞吐量不足百万标箱，对地方经济的拉动作用较弱。港口综合性程度不高、配套设施不发达、货运代理等辅助性机构发展缓慢等问题，影响临港产业集聚。

5. 对外开放程度低

正是由于过度依赖于资源优势的产业结构和相对封闭的发展模式，使得唐山经济发展面临困境。目前，唐山在全国沿海开放城市中仅处于第三梯队。2012年，唐山市的经济外向度和利用外资率仅为12.95%和2.8%，分别比大连低50.1个和60.2个百分点；落户的世界500强企业仅为19家，比大连少了80家。与沿海先进地区相比，2008～2012年唐山市经济总量与青岛、大连、宁波三市的差距分别扩大了1.7倍、3.8倍和1.7倍。2008年，唐山市经济总量还高于天津滨海新区459亿元，而2012年滨海新区却超出唐山市1343.6亿元。从河北省内看，过去五年唐山市GDP和财政收入在总量上居河北省首位，但增速的位次却处于中下游。2013年，石家庄的全部财政收入已经在近十年来首次超越唐山。2014年，唐山市财政收入状况更为严峻。

争进全国沿海港口城市第二梯队是河北省委书记周本顺对唐山提出的要求。沿海港口城市第一梯队指的是上海、广州、深圳和天津四个城市，这些城市无论是GDP还是财政收入，都远高于其他城市。第二梯队指的是青岛、大连和宁波三个城市，2012年的GDP都超过6500亿元，公共财政预算收入都超过670亿元。唐山市GDP虽然排在我国沿海城市第9位，但公共财政预算收入仅为301亿元，比第八位的青岛少了369亿元。另外，在服务业占GDP的比重、外贸依存度和经济外向度、社会消费品零售总额、城乡居民收入等指标上，唐山也与第二梯队城市有很大差距。

7.2　唐山在我国沿海城市中争先进位的基础条件：横向比较

习近平总书记对唐山市的定位是东北亚地区经济合作的窗口城市、环渤海地区的新型工业化基地、首都经济圈的重要支点。为了顺利实现上述目标，为了使唐山跻身全国沿海城市的第二梯队，必须充分发挥后发的沿海区位优势和港口物流优势，弥补开放型经济发展上的短板。我们可以对唐山在全国沿海港口城市中的当期地位作以下认识，这是唐山市谋求实现争先进位的现实基础。

7.2.1　主要优势

第一，优越的地理位置。唐山具有独特的地理位置，近临京津，濒临渤海。作为中国环渤海中部地区第三大工业城市，与北京、天津构成了环渤海地区经济发展的"金三角"。

第二，齐备的工业体系。唐山是一座有百年历史的工业城市，被誉为"中国近代工业的摇篮"，素有"北方煤都"和"北方瓷都"之称。现已形成以煤炭、钢铁、电力、建材、机械、化工等重工业为主，以陶瓷、纺织、电子、食品等轻工业为辅的完整工业体系。

第三，便捷的交通网络。唐山市境内有京哈、京秦、大秦等国铁干线通过；京哈、唐津、唐港 3 条高速公路在境内形成"X"型高速公路网；唐山市区距京唐港区、秦皇岛港、天津港分别为 90 千米、110 千米和 88 千米，另外距首都机场、天津机场、秦皇岛机场分别为 180 千米、120 千米和 130 千米，都不太远。

第四，齐备的公用事业供应。唐山市现有电厂发电能力 150 亿千瓦时/年。高新区有 10 千伏开闭站和 110 千伏变电站，可为企业提供 0.38/0.22 和 10 千伏电源。日供煤气 40 万立方米，日供水能力 50.8 万立方米。在环渤海区域经济发展战略中，唐山的投资成本和商务成本较低。

7.2.2　显著差距

与大连、青岛、烟台、宁波、苏州五个沿海先进城市相比，唐山存在明显的差距。

第一，经济增长速度方面。唐山曾长期保持两位数的增长，高于全国平均水平。与其他五城市相比，高于宁波，接近苏州，但总体上看，增速相差不大。值得一提的是，烟台市近年来经济一直保持了较快发展速度，比唐山市平均高2%。近一两年来，由于淘汰落后产能和治理环境污染的力度加大，唐山市的经济增长速度已经大幅回落。

第二，人均GDP方面。唐山在六个城市中最低，分别低于烟台822元，低于青岛9300元，低于大连15008元，低于宁波21807元，低于苏州58217元。

第三，财政收入方面。唐山接近烟台，仅少20亿元，但比大连、青岛低60%左右，不是宁波的1/3，不是苏州的1/4。这说明，唐山市GDP对财政增长的贡献率较低。

第四，产业结构方面。从三次产业构成来看，唐山市第三产业比重偏低，与烟台等同，与青岛、大连、宁波相差约10个百分点。在六个样本城市中，唐山市的一产比重最高、二产排在第3位。从轻重工业比例来看，唐山为1:17，其他城市比重均在1:2左右，唐山的重工业比重明显偏高。从高新技术产业发展来看，唐山市高新技术产业产值最低，高新技术产业产值占工业总产值比重仅有4.2%，与其他五个城市相差甚远。

第五，支柱产业方面。唐山市排前5位的支柱产业集中在黑色金属冶炼及压延加工业、黑色金属矿采选业、石油和天然气开采业、非金属矿物制品制造业、煤炭开采和洗选业等传统产业上。这些产业均属于资源型产业。而另外五座城市的支柱产业更多地集中在装备制造、电子信息等领域，对资源的依赖程度普遍比唐山低。

第六，增长动力方面。从投资情况看，唐山市的投资增速在六个城市中最高，稍高于青岛、烟台，远高于宁波、苏州。从出口与利用外资情况看，唐山市与其他五城市还有较大差距。其中出口方面与苏州差距最大，出口额相差26倍；与烟台差距最小，但差距也在4倍以上。利用外资方面，唐山市实际利用外资总额最小。

第七，城市竞争力方面。城市竞争力是指一个城市在创造财富、推动区域发展、提高人民生活水平方面的能力以及获取各种流动资源（尤其是战略性资源）和占领市场的能力。中国社会科学院每年发布《中国城市竞争力报告》，从环境、基础设施、结构、开放、科学技术、人才、企业管理、文化、政府管理、制度、资本、综合区位等城市发展的 12 个方面，对地级以上城市竞争力进行排名。以此为依据，将唐山市与另 5 个城市相比，大连、青岛、烟台、宁波、苏州均有一些指标进入全国前 10 名，而唐山市在城市竞争力的各项指标没有进入前 10 名的，说明城市竞争力还有待提升。

7.3　唐山市加快沿海开放型经济发展的策略体系

从宏观和战略层面讲，唐山要认清自我、正视差距、对标赶超。把唐山市发展放在全国沿海开放城市第二梯队的大格局中，找差距、定坐标，充分利用新兴港口物流优势，有针对性地制订措施，奋力实现争先进位。坚持三次产业协调发展，加快构建以先进制造业为主体、现代服务业为支撑、现代农业为特色的现代产业体系，实现经济总量、发展速度和产业质态的全面提升。坚持提升传统产业、壮大新兴产业、培育龙头企业三管齐下，推进工业经济向规模化、集群化、品牌化发展。不断提升区域经济的规模效应、集聚效应和辐射效应。

7.3.1　突出强调曹妃甸的龙头地位，大力发展沿海经济

河北省委提出的"四大攻坚战"，第一战就是全力打造沿海地区率先发展的增长极。曹妃甸是唐山未来发展最大的潜力所在、希望所在，是做大做强增量、盘活带动存量的最大引擎。唐山要把发展沿海经济作为进入沿海城市第二方阵的战略重点，发挥港口优势，明确定位，力促以曹妃甸为龙头的整个沿海板块热起来、火起来。狠抓综合贸易大港建设，围绕提升港口的增值功能，在抓好 LNG、液体化工码头等泊位建设的同时，加快曹妃甸矿石、木材、煤炭、钢材、可再生资源、燃气等大宗商品交易平台建设。全力加速临港产业聚集，以园区为主战场，强力推进开放招商。

项目建设是一个地区开发建设的命门所在，加快曹妃甸发展最核心、最重要的是有多少大项目、好项目落地，形成多少有规模、有竞争力的产业。特别是要尽快把中石化千万吨炼油、首钢京唐二期、华润电力二期、

大型海水淡化等一批大项目启动起来。当然也不能饥不择食,项目选择必须起点高,当前尤其要加快引进一批能够带动曹妃甸乃至唐山工业转型升级的大项目、好项目。对涉及曹妃甸的事情要真正特事特办、急事快办,打造畅通无阻的"绿色通道"。各县市区要主动融入曹妃甸、服务曹妃甸,积极推进生产力布局向沿海转移,实现沿海与内地融合发展、互利共赢。

7.3.2 延伸产业链条,力促工业转型升级

唐山的工业已经进入一个必须转型、不转不行的重要拐点。要按照"有中生新"和"无中生有"的要求,加快传统产业改造升级,在沿海开放型经济模式的构建中重新定位。以钢铁产业为切入点,拉长产业链、提升价值链。推进"两减"(减量、减排)、"两增"(增质、增效),大力发展船舶修造及配套、重型装备、高速动车等五大耗钢产业,提高钢材的本地深加工和消费比例。煤化工产业要着力发展精深加工,打造煤焦油深加工、粗苯精制、煤气深度开发利用三大产业链条,形成枝繁叶茂的煤化工"产品树"。财政要安排技改专项奖励和贴息,鼓励工业企业对技术装备和生产工艺进行优化提升,鼓励引进新技术、新装备、新工艺,提高环保标准,提升产品档次。唐山应该围绕传统产业转型升级的技术瓶颈制约,加快构建以企业为主体,政府、院校和中介机构高效参与的技术创新体系,加强技术创新服务平台建设,深化产学研紧密结合,从而实现资源依赖向创新驱动转变。

抓好项目建设,优化产业布局和产品结构。针对唐山市工业产品粗加工多,精、深加工少,大部分是同类产品;初级产品多,高附加值、高科技含量产品少,资源利用率不高;产品品种少、档次低、包装差、更新换代慢、产品结构难以完全适应市场需求变化的问题,需要进一步优化五大传统产业的产业布局和产品结构。大力推进企业整合重组和产业集聚。针对唐山市工业存在产业集中度低、产业聚集能力弱、集约化水平差等问题,需要积极推进企业整合重组,构建产业集聚区。

加快打造各具特色的产业集聚区。围绕做大做强"先进装备制造业产

业集群板块❶、临港新兴产业集群板块❷、生产性服务业集群板块，进一步找准发展定位、发挥比较优势、明确主攻方向，努力打造新的经济增长极。积极培育大型企业集团及上市公司。实施国有资产重组，培育大型企业集团。通过资源整合和资产重组，进一步增强唐山市传统产业的竞争优势。

7.3.3　以承办 2016 世园会为契机，做精做优做美城市

在基础设施建设上，重点构建内外畅通、快速便捷的城市路网体系，加快配套市政工程建设。在完善城市服务功能上，重点是加快教育、文化、卫生以及商业等公共服务设施建设，加速城市扩容改造，营造高品质的城市生活环境。在提升城市品位上，重点在城市主干道、出入口和重要节点实施公共景观建设，着力打造一批具有唐山特色、充满现代气息的标志性建筑和景观示范街，让城市每个节点都是亮点。提升城市承载和服务功能，力争在较短时间内实现交通路网、服务功能、基础配套和城市品位的全面提升。

7.3.4　以增强发展活力动力为着眼点，不断扩大开放

开放是沿海城市的本质。唐山与沿海开放城市第二梯队的最大差距在开放，最大潜力与空间也在开放。当前，经济全球化进程加快，区域经济一体化和产业梯度转移成为世界经济发展的重要特征。目前国际资本和制造业正在中国自南往北转移，国内资本也纷纷北上寻找投资机会，唐山市必须把握产业转移和国际产业分工进一步深化的契机，抓住环渤海区域经济合作的新机遇，优化投资环境，承接国际国内产业转移，加速产业集聚，加快园区建设，满足各类企业的入住和发展需要。

在扩大开放中，坚持把招商引资、招才引智作为第一抓手，强化招商队伍建设，创新招商方式，更加注重产业链招商，围绕延伸钢铁、煤化工产业链，盯住产业下游大客户，在产业链的高端和关键环节引项目，突出

---

❶　以高速动车、冶金机械、选煤机械、水泥机械、印刷机械、电焊机等为重点，包括高新技术产业园区、动车城等重点开发区。

❷　以新能源、精细化工、临港物流为主，包括曹妃甸工业区、海港经济开发区等为重点区域。

抓好重点利用外资项目的推介招商，全面加强与省"央企入冀""民企入冀""外企入冀"专项行动计划的对接，建设一批承接海外产业转移的示范园区，使唐山尽快成为京津产业转移主要承载地和科技创新成果孵化基地。

7.3.5　大力培育战略性新兴产业

在先进装备制造业方面，以高速动车组产业基地、高新区机器人研发生产基地、智能仪器仪表产业基地和安全科技装备产业基地等建设为重点，发展高端装备制造业，努力突破产业核心和关键技术，培育具有竞争优势的高端制造产业集群。在新能源汽车产业方面，坚持重点推进、自主创新和技术引进相结合，整车研发与示范运营相结合，鼓励适应市场需求的新能源汽车关键技术和产品的应用推广，加快新能源汽车产业化，把曹妃甸建设成为国家新能源汽车科技成果转化基地和永磁电机产业化基地。在电子信息产业方面，着力推进曹妃甸激光显示核心产业基地建设。

7.3.6　以提速增量为目标，大力推动服务业跨越发展

服务业是转方式、调结构的重要抓手。要站在打造同区域经济中心和现代化沿海大城市相匹配的服务业中心的高度，高质量地搞好发展规划，把服务业的发展纳入科学化、规范化、制度化的轨道，适应唐山市经济跨越式发展需求和人民群众生活水平不断提高的需要。

第一，加快发展现代物流业。目前，唐山市形成了以铁路和公路主干线为骨干，兼有水运、航空运输方式，与京津交通全面对接，具有一定规模的现代化立体交通运输体系，为唐山市在更高层次、更广范围发展现代物流业奠定了基础。再加上唐山市在冶金、化工、建材、煤炭、陶瓷、装备制造等产业具有较强的比较优势，因此，可以大力发展煤炭、钢铁、装备制造、化工、农产品冷链等八大专业物流，突出抓好开滦国际物流、庞大汽贸、远大物流、北方钢铁物流一期等重点项目建设，培育壮大一批具有特色的现代物流中心和物流示范企业。重点打造海港、曹妃甸、唐海、丰润和迁安五大省级物流产业聚集区建设，形成覆盖唐山、辐射华北与东北地区的生产性服务业体系。加强全市铁路、港口、机场等资源整合，加快仓储物流业发展，全面提升第三方物流的规模和水平，构建海陆空一体

的现代物流体系。鼓励发展民营物流企业，使其向规模化、连锁化、信息化方向发展，打造集远洋运输、陆路运输为一体的大型物流企业。

第二，大力发展新型高端服务业。加快发展现代金融服务业，积极引进全国性股份制商业银行和国际著名银行进驻唐山市。培育发展证券期货市场，大力发展保险业。完善金融要素市场，尽快成立唐山票据交易中心，发行各种产业基金、各种债券。规划建设软件开发园区，推动软件产业快速发展。加快建设电子政务系统。全力推进电子商务系统建设。以文化创意为核心，加快发展文化创意研发设计、数字出版、移动多媒体等新兴产业。深入挖掘整理唐山沿海丰富的文化资源，加快产业化进程和各种文化娱乐、展示场所建设，延伸产业链条，丰富服务内容，实现文化价值和市场价值同步增值。努力创作精品，形成品牌优势。开发新型文化产品和服务，催生新型文化业态。以城镇为载体，大中小项目齐上，尽快形成满足各类消费群体需求的商业网络，引进一批代表性的大型商业综合体。

第三，大力拓展海洋服务业。开发利用海洋、加快海洋经济发展已成为提升国际竞争力的关键。唐山沿海拥有 200 多千米的海岸线，0.4 万平方千米海域面积，这是发展海洋服务业的最好平台。发展海洋服务业首先是加快转变经济发展方式，积极调整优化产业结构，大力发展港口装卸业、国际物流业、港口地产业、港口综合服务业，努力形成以"四大产业"为核心的适度多元化产业发展格局。其次要重视港口服务功能的提升，合力推进船舶服务，大力推进以矿石、钢铁、煤炭、原油为主的大市场建设。最后要重视发展海洋信息技术、建立海洋空间基础地理信息系统，积极开展海洋生物资源及矿产资源勘探定位、海洋工程维护、海洋综合调查与测绘、海洋教育、海洋科普与文化传播等新兴服务业。

第四，加快推进唐山市服务业的对外开放。一是要有针对性地开展服务业专项招商引资活动。加大唐山市服务业项目的谋划、发布、推介力度，注重产业关联度大的服务型项目引进。建立服务业项目招商引资库，利用网络招商、会展招商、委托招商、服务业专项招商、产业链招商等多种招商方式，重点引进与唐山市经济发展相配套的物流配送、连锁经营、电子商务、信息、咨询、会计、评估、法律、中介等服务业的项目和资金，促进唐山市服务业自身结构调整和产业协调发展。二是不断扩大新兴服务领域的开放规模。

参 考 文 献

［1］陈洪波．港城关系视角下的浙江港口城市崛起［J］．改革与战略，
    2009（8）：117－121．

［2］陈纪伟．青岛国际集装箱港口竞争力评价及发展策略研究［D］．大
    连：大连海事大学，2006．

［3］陈宣庆．促进环渤海地区区域合作和共同发展［J］．港口经济，2007
    （5）：6－8．

［4］崔和瑞．京津冀区域经济一体化可行性分析及发展对策［J］．技术经
    济与管理研究，2006（5）：76－78．

［5］邓焕彬，朱善庆．全国沿海主要港口吞吐量与地区经济发展关系研究
    ［J］．中国港口，2009（2）：43－45．

［6］董中保．环渤海区域经济协调机制和政府作用［J］．特区经济，2007
    （2）：60－61．

［7］方丽．区域产业竞争力评价方法研究［D］．天津：天津大学，2005．

［8］何明珂．物流系统论［M］．北京：中国审计出版社，2001．

［9］何鑫．我国主要港口物流竞争分析与评价［D］．武汉：武汉理工大
    学，2006．

［10］呼莉莉．港口对区域物流发展的影响研究——基于天津港物流的分
    析［D］．北京：对外经济贸易大学，2009．

［11］华北水利委员会．"北方大港"专号［J］．华北水利月刊，1929
    （9）．

［12］贾大山．中国水运发展战略探索［M］．大连：大连海事大学出版
    社，2003．

［13］雷斌，范凌云．国外沿海开发对中国滨海地区发展的启示［J］．国

际城市规划, 2010 (1): 107 – 111.

[14] 李金辉. 环渤海三大港口群的竞争与合作问题探讨 [J]. 港口经济, 2005 (5): 59 – 60.

[15] 李南. 国际贸易运输: 基本框架与自由化改革政策比较静态分析 [J]. 商业研究, 2013 (2): 183 – 188.

[16] 李南, 李文兴. 港口的区域垄断和竞争: 圆周模型 [J]. 中国航海, 2007 (1): 93 – 96.

[17] 李南, 刘嘉娜. 港口民营化改革的理论解释与国际经验 [J]. 水运工程, 2009 (8): 32 – 35.

[18] 李南, 刘嘉娜. 孙中山港口经济思想考证——以 "北方大港" 为例 [J]. 河北理工大学学报, 2011 (1): 21 – 23.

[19] 李南, 刘嘉娜. 论港口业务领域的分类规制政策 [J]. 技术经济与管理研究, 2011 (3): 123 – 127.

[20] 李文荣. 曹妃甸深水港对环渤海地区发展效应分析 [J]. 港口经济. 2006 (3):36 – 37.

[21] 李霞. "港—业—城" 互动发展实证研究——以河北唐山曹妃甸为例 [J]. 商业时代, 2014 (1): 139 – 141.

[22] 李霞, 侯玉梅. 先进地区 "港—业—城" 互动发展经验及对曹妃甸的启示 [J]. 港口经济, 2014 (6): 25 – 29.

[23] 李晓靖. 曹妃甸港口经济发展战略 [M]. 石家庄: 河北教育出版社, 2006.

[24] 李忠伟, 李南. 河北省临港产业、腹地经济及其协同发展研究 [J]. 中文信息, 2014 (5): 54.

[25] 林青. 中国对外贸易与现代港口物流发展的互动效应研究——基于 VAR 模型的实证分析 [J]. 哈尔滨商业大学学报: 社会科学版, 2011 (3): 37 – 41.

[26] 刘俊华, 王晰, 郭俐. 西部物流实践与区域经济发展分析 [J]. 物流技术, 2009 (1): 11 – 13.

[27] 任伟, 张亚莉. 河北省港口与腹地经济的互动发展研究 [J]. 经济导刊, 2011 (12): 72 – 73.

[28] 吕荣胜, 邬德林. 环渤海港口虚拟经营的博弈分析 [J]. 哈尔滨商

业大学学报：社会科学版，2006（2）：105－108.

[29] 吕荣胜，等．日本港口经营策略对我国环渤海港口发展的启示［J］．现代日本经济，2006（5）：61－64.

[30] 马洪．发挥港口在经济社会协调发展中的重要作用［J］．开放导报，2003（12）：6－7.

[31] 马克·莱文森．集装箱改变世界［M］．北京：机械工业出版社，2007.

[32] 孟文君．通往欧洲的最佳捷径——安特卫普港［J］．中国港口，2010（9）：60－62.

[33] 孟祥林．港城经济互动与环渤海临港产业的组合城市发展模式研究［J］．青岛科技大学学报：社会科学版，2006（1）：11－14.

[34] 缪六莹．物流运输管理实务［M］．成都：四川人民出版社，2002：35－41.

[35] 热夫·范登布勒克．安特卫普：一座再创造和再度活跃的城市［J］．国际城市规划，2012（3）：36－41.

[36] 任伟，李强．环渤海地区协调发展的内外因分析［J］．特区经济，2009（12）：62－64.

[37] 任伟，阚连合，张忠鹏．河北港口物流与区域经济协同发展浅析［J］．物流技术，2013（1）：166－168.

[38] 戎梅．我国单位物流成本对国际贸易的影响——基于贸易引力模型的实证分析［J］．商业经济，2011（1）：34－36.

[39] 司林胜，童超．物流对经济增长影响的实证分析［J］．物流技术，2007（10）：12－14.

[40] 宋炳良．港口城市发展的动态研究［M］．大连：大连海事大学出版社，2003.

[41] 唐山市委市政府研究室．打造沿海强市的龙头引擎——关于进一步提升唐山市港口竞争力的调查与建议［R］．2013.

[42] 唐颖峰，等．我国海运服务市场开放与海运服务贸易自由化［J］．世界贸易组织动态与研究，2011（6）：33－38.

[43] 王丹阳．大连港口与城市互动发展实证分析与对策研究［D］．大连：大连理工大学，2006.

［44］王建红．日本东京湾港口群的主要港口职能分工及启示［J］．中国港湾建设，2008（1）：63-66．

［45］王俊豪，周小梅．中国自然垄断产业民营化改革与政府管制政策［M］．北京：经济管理出版社，2004．

［46］王立新．曹妃甸［M］．石家庄：河北教育出版社，2006．

［47］吴松弟．港口—腹地：现代化进程研究的地理视角［J］．学术月刊，2007（1）：121-124．

［48］西蒙·哈奇姆．运输业的民营化［M］．北京：经济科学出版社，2004．

［49］肖汉斌，邓萍，路世青．基于方差分析的中国沿海港口群港口物流能力及区域经济的差异分析［J］．武汉理工大学学报：交通科学与工程版，2014（1）：31-34．

［50］杨建勇．现代港口发展的理论与实践研究［D］．上海：上海海事大学，2005．

［51］杨莉．中国贸易便利化改革的成本与利益分析［M］．北京：经济管理出版社，2011．

［52］阳明明．国际贸易、产业转移与珠三角港口群危机［J］．现代管理科学，2010（8）：67-69．

［53］杨书臣．日本港口经济的新发展及其启示［J］．港口经济，2009（3）：24-26．

［54］易志云．环渤海港口城市群功能结构及天津发展定位［J］．天津师范大学学报，2004（4）：15-19．

［55］于汝民．发挥港口优势促进区域经济整合［J］．港口经济，2005（2）：16-18．

［56］于颖，刘姝瑶，陈红梅．曹妃甸港口物流发展策略［J］．中国商贸，2010（14）：115-116．

［57］张昕竹．网络产业：规制与竞争理论［M］．北京：社会科学文献出版社，2000．

［58］张颖慧．特许经营方式在港口民营化中的运用［J］．中国港口，2005（1）：38-39．

［59］张颖慧．中国港口民营化与规制改革研究［D］．上海：上海海事大

学，2005.

[60] 赵春龙，金桥，李根柱. 基于区域经济联系的连云港港口物流发展需求分析研究 [J]. 物流技术，2007 (1)：64 – 66.

[61] 赵刚. 江苏沿江港口物流竞争力评价研究 [J]. 水运工程，2006 (8)：10 – 13.

[62] 赵婷婷. 京津冀地区港口竞争力及合作机制研究 [D]. 北京：北京交通大学，2007.

[63] 赵晓光. 我国港口物流发展的系统分析与评价研究 [D]. 天津：天津大学，2004.

[64] 朱坤萍，张喜梅. 港口物流与对外贸易关系的实证分析——基于河北省 1990 – 2011 年数据 [J]. 河北经贸大学学报，2013 (5)：106 – 110.

[65] 朱意秋，陈倩倩. 海洋运输强国与航运自由化 [J]. 中国海洋大学学报：社会科学版，2010 (3)：36 – 39.

[66] 邹俊善. 现代港口经济学 [M]. 北京：人民交通出版社，1997.

[67] ANDERSON J，VAN WINCOOP. Trade costs [J]. Journal of Economic Literature，2004，42：691 – 751.

[68] BLONIGEN B，WILSON W. Port Efficiency and trade flows [J]. Review of International Economies，2008，16 (1)：21 – 36.

[69] CLARKE X，DOLLAR D，MICCO A. Port efficiency，maritime transport costs and bilateral trade [J]. Journal of Development Economics，2004 (75)：417 – 450.

[70] Economic impact of port activity：a disaggregate analysis [R]，NBB working paper No. 110，2007.

[71] Francois，Joseph F.，and Ian Wooton. Trade in International Transport Services：The Role of Competition [J]，Review of International Economics，2001，vol. 9 (2)：249 – 261.

[72] Hisane Masaki. Mixed Container Results for Japan Ports [J]，Journal of commerce，2009 (4)：16 – 19.

[73] John Raven. Trade and Transport Facilitation—A Toolkit for Audit, Analysis and Remedial Action [R]，World Bank Discussion Paper

No. 427, 2001.

[74] Kasarda, J. D. and Green J. D. Air Cargo as an Economic Development Engine: A Note on Opportunities and Constraints [J], Joumal of Air Transport Management, 2005 (11): 459 – 462.

[75] Kent and Hochstein. Port Reform and Privatization in Conditions of Limited Competition: The Experience of Colombia, Costa Rica and Nicaragua [J], Journal of Maritime Policy& Management, 1998, 25 (4): 313 – 333.

[76] Limao, Nuno and Anthony J. Venables. Infrastructure, Geographical Disadvantage, Transport Costs and Trade [J], World Bank Economic Review, 2001 (15): 451 – 479.

[77] Miyashita, K. The Logistics Strategy of Japanese Ports: the Case of Kobe and Osaka [C], in Lee, T. – W. and Cullinane, K (eds.), World Shipping and Port Development, Palgrave Macmillan, 2005.

[78] Moreira Mesquita, Mauricio, Christian Volpe and Juan Blyde. Unclogging the Arteries: The Impact of Transport Costs on Latin American and Caribbean Trade [R], Inter – American Development Bank, 2008.

[79] Wilson, W. Trade Facilitation and Economic development: Measuring the Impact [R], World Bank Policy Research Paper No. 2988, 2003.

后 记

　　本书是在河北省 2013 年软科学项目"基于系统动力学的唐山曹妃甸港口、产业与城市互动发展策略研究"（编号：134576147D）和河北省社会科学基金 2013 年项目"河北省临港产业共生系统构建与演进机制研究"（批准号：HB13JJ047）研究成果的基础上整合完善而成的，这是课题组成员共同努力的结果。

　　在此，感谢中科院唐山科学发展研究院刘学谦院长、唐山学院沙彬教授、唐山市工信局李技副局长、唐山市委市政府研究室陈华副主任等专家对课题内容的审阅和点评。感谢交通运输部科学研究院徐萍研究员、唐山市商务局现代物流处刘新立处长、上海交通大学许源博士、河北工业大学徐斌博士对本项研究工作的长期关注和大力支持。

　　本书在写作过程中，查阅借鉴了大量相关研究成果，除了参考文献列出的外，也许会有遗漏，在此对各位作者一并致谢。

　　感谢河北联合大学经济学院的领导和同事对我给予了诸多关照。感谢研究生左建婷协助完成了部分研究工作。感谢我的父母、妻子和亲友长期以来对我的理解、宽容和支持。

李　南

2014 年 7 月